BIBLIOTHÈQUE NOUVELLE

2 francs le volume

ALEXANDRE DUMAS

LA

SAN FELICE

II

DEUXIÈME ÉDITION

PARIS

MICHEL LÉVY FRÈRES, ÉDITEURS
RUE VIVIENNE, 2 BIS, ET BOULEVARD DES ITALIENS, 15
A LA LIBRAIRIE NOUVELLE

OUVRAGES PARUS
DANS LA BIBLIOTHÈQUE NOUVELLE
à 2 francs le volume

LA SAN FELICE
Par Alexandre Dumas. . . . .   6 vol.
LE LIVRE DES FEMMES
Par la Comtesse Dash. — Nouvelle édition. . .   1 vol.
CONFESSIONS DE NINON LENCLOS
Publiées par E. de Mirecourt.—Nouvelle édit.   1 vol.
SCÈNES ET MENSONGES PARISIENS
Par Aurélien Scholl. — 2ᵉ édition. . . . . .   1 vol.
MÉMOIRES D'UN BAISER
Par Jules Noriac. 2ᵉ édition. . . . .   1 vol.
CONFESSIONS DE MARION DELORME
Publiées par E. de Mirecourt. — Nouv. édit.   3 vol.
LES FILLES D'ÈVE
Par Arsène Houssaye. . . . .   1 vol.
LA ROSE BLANCHE
Par Auguste Maquet. . . . .   1 vol.
LA TRAITE DES BLONDES
Par Amédée Achard . . . .   1 vol.
LA GORGONE
Par G. de La Landelle. . . . .   2 vol.
LUCY LA BLONDE
Par Georges Bell. . . . .   1 vol.
LA PÉCHERESSE
Par Arsène Houssaye. . . . .   1 vol.
LA CAMORRA. — MYSTÈRES DE NAPLES
Par Marc-Monnier. . . . .   1 vol.
JEANNE DE FLERS
Par Lardin et Mik d'Athonne. — Nouvelle édit.   1 vol.
MARSEILLE ET LES MARSEILLAIS
Par Méry. . . . .   1 vol.
CONTES D'UNE NUIT D'HIVER
Par A. Michiels. — Nouvelle édition. . . . .   1 vol.
LE BEAU D'ANGENNES
Par Auguste Maquet. . . . .   1 vol.
LES DRAMES GALANTS
Par Alexandre Dumas. . . . .   2 vol.
LE CAS DE M. GUÉRIN
Par Edmond About, 4ᵐᵉ édition. . . . .   1 vol.

IMP. L. TOINON ET Cⁱᵉ, A SAINT-GERMAIN.

LA SAN-FELICE

CHEZ LES MÊMES ÉDITEURS

OUVRAGES

D'ALEXANDRE DUMAS

Format grand in-18, à 3 fr. le volume :

THÉATRE COMPLET, tomes I à XI...................... 11 vol.
LES GARIBALDIENS, révolutions de Sicile et de Naples... 1 —

Format grand in-18, à 2 fr. le volume :

L'ART ET LES ARTISTES CONTEMPORAINS au salon de 1859. 1 —
UNE AVENTURE D'AMOUR............................ 1 —
LES DRAMES GALANTS. — LA MARQUISE D'ESCOMAN...... 2 —
DE PARIS A ASTRAKAN.............................. 3 —

POISSY. — TYP. ET STÉR. DE A. BOURET.

LA

SAN-FELICE

PAR

ALEXANDRE DUMAS

TOME DEUXIÈME

DEUXIÈME ÉDITION

PARIS

MICHEL LÉVY FRÈRES, LIBRAIRES ÉDITEURS
RUE VIVIENNE, 2 BIS, ET BOULEVARD DES ITALIENS, 15
A LA LIBRAIRIE NOUVELLE

1865

Tous droits réservés

LA SAN-FELICE

XIX

LA CHAMBRE ÉCLAIRÉE

Il était deux heures du matin, à peu près, lorsque le roi et la reine, quittant l'ambassade d'Angleterre, rentrèrent au palais. Le roi, très-préoccupé, nous l'avons dit, de la scène qui venait de se passer, prit immédiatement le chemin de son appartement, et la reine, qui l'invitait rarement à entrer dans le sien, ne mit aucun obstacle à cette retraite précipitée, pressée qu'elle paraissait être, de son côté, de rentrer chez elle.

Le roi ne s'était pas dissimulé la gravité de la situation; or, dans les circonstances graves, il y avait un homme qu'il consultait toujours avec une certaine confiance, parce que rarement il l'avait consulté sans en recevoir un bon conseil; il en résultait qu'il reconnaissait à cet homme une supériorité réelle sur toute cette tourbe de courtisans qui l'environnait.

Cet homme, c'était le cardinal Fabrizio Ruffo, que nous avons montré à nos lecteurs, assistant l'archevêque de Naples, son doyen au sacré collége, lors du *Te Deum* qui avait été chanté, la veille, dans l'église cathédrale de Naples en l'honneur de l'arrivée de Nelson.

Ruffo était au souper donné au vainqueur d'Aboukir par sir William Hamilton; il avait donc tout vu et tout entendu, et, en sortant, le roi n'avait eu que ces mots à lui dire :

— Je vous attends cette nuit au palais.

Ruffo s'était incliné en signe qu'il était aux ordres de Sa Majesté.

En effet, dix minutes à peine après que le roi était rentré chez lui en prévenant l'huissier de service qu'il attendait le cardinal, on lui annonçait que le cardinal était là et faisait demander si le bon plaisir du roi était de le recevoir.

— Faites-le entrer, cria Ferdinand de manière que le cardinal l'entendît; je crois bien que mon bon plaisir est de le recevoir!

Le cardinal, invité ainsi à entrer, n'attendit pas l'appel de l'huissier et répondit par sa présence même à ce pressant appel du roi.

— Eh bien, mon éminentissime, que dites-vous de ce qui vient de se passer? demanda le roi en se jetant dans un fauteuil et en faisant signe au cardinal de s'asseoir.

Le cardinal, sachant que la plus grande révérence dont on puisse user envers les rois est de leur obéir aussitôt qu'ils ont ordonné, toute invitation de leur part étant un ordre, prit une chaise et s'assit.

— Je dis que c'est une affaire très-grave, répliqua le cardinal; heureusement que Sa Majesté se l'est attirée pour l'honneur de l'Angleterre et qu'il est de l'honneur de l'Angleterre de la soutenir.

— Que pensez-vous, au fond, de ce bouledogue de Nelson? Soyez franc, cardinal.

— Votre Majesté est si bonne pour moi, qu'avec elle je le suis toujours, franc !

— Dites, alors.

— Comme courage, c'est un lion; comme instinct militaire, c'est un génie; mais, comme esprit, c'est heureusement un homme médiocre.

— Heureusement, dites-vous?

— Oui, sire.

— Et pourquoi heureusement?

— Parce qu'on le mènera où l'on voudra, avec deux leurres.

— Lesquels?

— L'amour et l'ambition. L'amour, c'est l'affaire de lady Hamilton; l'ambition, c'est la vôtre. Sa naissance est vulgaire; son éducation, nulle. Il a conquis ses grades sans mettre les pieds dans une antichambre, en laissant un œil à Calvi, un bras à Ténériffe, la peau de son front à Aboukir; traitez cet homme-là en grand seigneur, vous le griserez, et, une fois qu'il sera gris, Votre Majesté en fera ce qu'elle voudra. Est-on sûr de lady Hamilton?

— La reine en est sûre, à ce qu'elle dit.

— Alors, vous n'avez pas besoin d'autre chose. Par cette femme, vous aurez tout; elle vous donnera à la fois le mari et l'amant. Tous deux sont fous d'elle.

— J'ai peur qu'elle ne fasse la prude.

— Emma Lyonna faire la prude? dit Ruffo avec l'expression du plus profond mépris. Votre Majesté n'y pense pas.

— Je ne dis pas prude par pruderie, pardieu!

— Et par quoi?

— Il n'est pas beau, votre Nelson, avec son bras de moins, son œil crevé et son front fendu. S'il en coûte cela pour être un héros, j'aime autant rester ce que je suis.

— Bon! les femmes ont de si singulières idées, et puis lady Hamilton aime si merveilleusement la reine! Ce qu'elle ne fera pas par amour, elle le fera par amitié.

— Enfin! dit le roi comme un homme qui s'en remet à la Providence du soin d'arranger une affaire difficile.

Puis, à Ruffo :

— Maintenant, continua-t-il, vous avez bien un conseil à me donner dans cette affaire-là ?

— Certainement; le seul même qui soit raisonnable.

— Lequel? demanda le roi.

— Votre Majesté a un traité d'alliance avec son neveu l'empereur d'Autriche.

— J'en ai avec tout le monde, des traités d'alliance; c'est bien ce qui m'embarrasse.

— Mais enfin, sire, vous devez fournir un certain nombre d'hommes à la prochaine coalition.

— Trente mille.

— Et vous devez combiner vos mouvements avec ceux de l'Autriche et de la Russie.

— C'est convenu.

— Eh bien, quelles que soient les instances que l'on fera près de vous, sire, attendez, pour entrer en campagne, que les Autrichiens et les Russes y soient entrés eux-mêmes.

— Pardieu! c'est bien mon intention. Vous comprenez, Éminence, que je ne vais pas m'amuser à faire la guerre tout seul aux Français... Mais...

— Achevez, sire.

— Si la France n'attend pas la coalition? Elle m'a déclaré la guerre, si elle me la fait?

— Je crois, par mes relations de Rome, pouvoir vous affirmer, sire, que les Français ne sont pas en mesure de vous la faire.

— Hum! voilà qui me tranquillise un peu.

— Maintenant, si Votre Majesté me permettait...

— Quoi?

— Un second conseil.

— Je le crois bien!

— Votre Majesté ne m'en avait demandé qu'un; il est vrai que le second est la conséquence du premier.

— Dites, dites.

— Eh bien, à la place de Votre Majesté, j'écrirais de ma main à mon neveu l'empereur, pour savoir de lui, non pas diplomatiquement, mais confidentiellement, à quelle époque il compte se mettre en campagne, et, prévenu par lui, je réglerais mes mouvements sur les siens.

— Vous avez raison, mon éminentissime, et je vais lui écrire à l'instant même.

— Avez-vous un homme sûr à lui envoyer, sire ?

— J'ai mon courrier Ferrari.

— Mais sûr, sûr, sûr ?

— Eh ! mon cher cardinal, vous voulez un homme trois fois sûr, quand il est si difficile d'en trouver qui le soit une fois.

— Enfin, celui-là ?

— Je le crois plus sûr que les autres.

— Il a donné à Votre Majesté des preuves de sa fidélité ?

— Cent.

— Où est-il ?

— Où est-il ? Parbleu ! il est ici quelque part, couché dans mes antichambres, tout botté et tout éperonné, pour être prêt à partir au premier ordre, quelque heure du jour ou de la nuit que ce soit.

— Il faut écrire d'abord, et nous le chercherons après.

— Écrire, c'est facile à dire, Éminence; où diable vais-je trouver à cette heure-ci de l'encre, du papier et des plumes ?

— L'Évangile dit : *Quære et invenies.*

— Je ne sais pas le latin. Votre Éminence.

— « Cherche et tu trouveras. »

Le roi alla à son secrétaire, ouvrit tous les tiroirs

les uns après les autres, et ne trouva rien de ce qu'il cherchait.

— L'Évangile ment, dit-il.

Et il retomba tout contrit dans son fauteuil.

— Que voulez-vous, cardinal! ajouta-t-il en poussant un soupir, je déteste écrire.

— Votre Majesté est cependant décidée à en prendre la peine cette nuit.

— Sans doute; mais, vous le voyez, tout me manque; il me faudrait réveiller tout mon monde, et encore... Vous comprenez bien, mon cher ami, quand le roi n'écrit pas, personne n'a de plumes, d'encre ni de papier. Oh! je n'aurais qu'à faire demander tout cela chez la reine, elle en a, elle. C'est une écriveuse. Mais, si l'on savait que j'ai écrit, on croirait, ce qui est vrai, au reste, que l'État est en péril. « Le roi a écrit... A qui? pourquoi? » Ce serait un événement à remuer tout le palais.

— Sire, c'est donc à moi de trouver ce que vous cherchez inutilement.

— Et où cela?

Le cardinal salua le roi, sortit, et, une minute après, rentra avec du papier, de l'encre et des plumes.

Le roi le regarda d'un air d'admiration.

— Où diable avez-vous pris cela, Éminence? demanda-t-il.

— Tout simplement chez vos huissiers.

— Comment! malgré ma défense, ces drôles-là avaient du papier, de l'encre et des plumes?

— Il leur faut bien cela pour inscrire les noms de ceux qui viennent solliciter des audiences de Votre Majesté.

— Je ne leur en ai jamais vu.

— Parce qu'ils les cachaient dans une armoire. J'ai découvert l'armoire, et voilà tout ce qui est nécessaire à Votre Majesté.

— Allons, allons, vous êtes homme de ressource. Maintenant, mon éminentissime, dit le roi d'un air dolent, est-il bien nécessaire que cette lettre soit écrite de ma main?

— Cela vaudra mieux, elle en sera plus confidentielle.

— Alors, dictez-moi.

— Oh! sire...

— Dictez-moi, vous dis-je, ou, sans cela, je serai deux heures à écrire une demi-page. Ah! j'espère bien que San-Nicandro est damné, non-seulement dans le temps, mais encore dans l'éternité, pour avoir fait de moi un pareil âne.

Le cardinal trempa dans l'encre une plume fraîchement taillée et la présenta au roi.

— Écrivez donc, sire.

— Dictez, cardinal.

— Puisque Votre Majesté l'ordonne, dit Ruffo en s'inclinant.

Et il dicta.

« Très-excellent frère, cousin et neveu, allié et confédéré,

» Je dois vous instruire sans retard de ce qui vient de se passer hier soir au palais de l'ambassadeur d'Angleterre. Lord Nelson, ayant relâché à Naples, au retour d'Aboukir, et sir William Hamilton lui donnant une fête, le citoyen Garat, ministre de la République, a pris cette occasion de me déclarer la guerre de la part de son gouvernement.

» Faites-moi donc, par le retour du même courrier que je vous envoie, très-excellent frère, cousin et neveu, allié et confédéré, savoir quelles sont vos dispositions pour la prochaine guerre, et surtout l'époque précise à laquelle vous comptez vous mettre en campagne, ne voulant absolument rien faire qu'en même temps que vous et d'accord avec vous.

» J'attendrai la réponse de Votre Majesté pour me régler en tout point sur les instructions qu'elle me donnera.

» La présente n'étant à autre fin, je me dis, en lui souhaitant toute sorte de prospérités, de Votre Majesté, le bon frère, cousin et oncle, allié et confédéré. »

— Ouf! fit le roi.

Et il leva la tête pour interroger le cardinal.

— Eh bien, c'est fini, sire, et Votre Majesté n'a plus qu'à signer.

Le roi signa, selon son habitude : *Ferdinand B.*

— Et quand je pense, continua le roi, que j'aurais mis la nuit tout entière à écrire cette lettre. Merci, mon cher cardinal, merci.

— Que cherche Votre Majesté? demanda Ruffo, qui voyait que le roi cherchait autour de lui avec inquiétude.

— Une enveloppe.

— Bien, dit Ruffo, nous allons en faire une.

— C'est encore une chose que San-Nicandro ne m'a point appris à faire, des enveloppes! Il est vrai qu'ayant oublié de m'apprendre à écrire, il avait regardé la science des enveloppes comme chose inutile.

— Votre Majesté permet-elle? demanda Ruffo.

— Comment, si je le permets! dit le roi en se levant. Asseyez-vous là à ma place sur mon fauteuil, mon cher cardinal.

Le cardinal s'assit sur le fauteuil du roi, et, avec

une grande prestesse et une grande habileté, plia et déchira le papier qui devait recouvrir la lettre royale.

Ferdinand le regardait faire avec admiration.

— Maintenant, dit le cardinal, Votre Majesté veut-elle me dire où est son sceau?

— Je vais vous le donner, je vais vous le donner, ne vous dérangez pas, dit le roi.

La lettre fut cachetée, et le roi mit l'adresse.

Puis, appuyant son menton dans sa main, il demeura pensif.

— Je n'ose interroger le roi, demande Ruffo en s'inclinant.

— Je veux, répondit le roi toujours pensif, que personne ne sache que j'ai écrit cette lettre à mon neveu, ni par qui je l'ai envoyée.

— Alors, sire, dit en riant Ruffo, Votre Majesté va me faire assassiner en sortant du palais.

— Vous, mon cher cardinal, vous n'êtes pas quelqu'un pour moi; vous êtes un autre moi-même.

Ruffo s'inclina.

— Oh! ne me remerciez point, allez, le compliment n'est pas riche.

— Comment faire, alors? Il faut cependant que vous envoyiez chercher Ferrari par quelqu'un, sire.

— Justement, je m'oriente.

— Si je savais où il est, dit Ruffo, j'irais le chercher.

— Pardieu ! moi aussi, fit le roi.

— Vous avez dit qu'il était dans le palais.

— Certainement qu'il y est ; seulement, le palais est grand. Attendez, attendez donc ! En vérité, je suis encore plus bête que je ne croyais.

Il ouvrit la porte de sa chambre à coucher et siffla.

Un grand épagneul s'élança du tapis où il était couché près du lit de son maître, posa ses deux pattes sur la poitrine du roi, toute chamarrée de plaques et de cordons, et se mit à lui lécher le visage, occupation à laquelle le maître paraissait prendre autant de plaisir que le chien.

— C'est Ferrari qui l'a élevé, dit le roi ; il va me trouver Ferrari tout de suite.

Puis, changeant de voix et parlant à son chien comme il eût parlé à un enfant :

— Où est-il donc, ce pauvre Ferrari, Jupiter ? Nous allons le chercher. Taïaut ! taïaut !

Jupiter parut parfaitement comprendre ; il fit trois ou quatre bonds par la chambre, humant l'air et jetant des cris joyeux ; puis il alla gratter à la porte d'un corridor secret.

— Ah ! nous en revoyons donc, mon bon chien ? dit le roi.

Et, allumant un bougeoir au candélabre, il ouvrit la porte du couloir en disant :

— Cherche, Jupiter! cherche!

Le cardinal suivait le roi, d'abord pour ne pas le laisser seul, ensuite par curiosité.

Jupiter s'élança vers l'extrémité du couloir et gratta à une seconde porte.

— Nous sommes donc sur la voie, mon bon Jupiter? continua le roi.

Et il ouvrit cette seconde porte, comme il avait ouvert la première; elle donnait sur une antichambre vide.

Jupiter alla droit à une porte opposée à celle par laquelle il était entré et se dressa contre cette porte.

— Tout beau! dit le roi, tout beau!

Puis, se tournant vers Ruffo :

— Nous brûlons, cardinal, dit-il.

Et il ouvrit cette troisième porte.

Elle donnait sur un petit escalier. Jupiter s'y élança, monta rapidement une vingtaine de marches, puis se mit à gratter la porte en poussant de petits cris.

— *Zitto! zitto!* dit le roi.

Le roi ouvrit cette quatrième porte comme il avait ouvert les trois autres; seulement, cette fois, il était arrivé au terme de son voyage : le courrier, tout vêtu et tout éperonné, dormait sur un lit de camp.

— Hein ! fit le roi, tout fier de l'intelligence de son chien; et quand je pense que pas un de mes ministres, même celui de la police, n'aurait fait ce que vient de faire mon chien !

Malgré l'envie qu'avait Jupiter de sauter sur le lit de son père nourricier Ferrari, le roi lui fit un signe de la main, et il se tint tranquille derrière lui.

Ferdinand alla droit au dormeur, et, du bout de la main, lui toucha l'épaule.

Si légère qu'eût été la pression, celui-ci se réveilla immédiatement et se mit sur son séant, regardant autour de lui avec cet œil effaré de l'homme que l'on éveille au milieu de son premier sommeil; mais, aussitôt, reconnaissant le roi, il se laissa glisser de son lit de camp et se tint debout et les coudes au corps, attendant les ordres de Sa Majesté.

— Peux-tu partir ? lui demanda le roi.

— Oui, sire, répondit Ferrari.

— Peux-tu aller à Vienne sans t'arrêter ?

— Oui, sire.

— Combien de jours te faut-il pour aller à Vienne?

— Au dernier voyage, sire, j'ai mis cinq jours et six nuits; mais je me suis aperçu que je pouvais aller plus vite et gagner douze heures.

— Et à Vienne, combien de temps te faut-il pour te reposer ?

— Le temps qu'il faudra à la personne à laquelle Votre Majesté écrit pour me donner une réponse.

— Alors, tu peux être ici dans douze jours ?

— Auparavant si l'on ne me fait pas attendre, et s'il ne m'arrive pas d'accident.

— Tu vas descendre à l'écurie, seller un cheval toi-même ; tu iras le plus loin possible avec le même cheval, au risque de le forcer ; tu le laisseras chez un maître de poste quelconque et tu l'y reprendras à ton retour.

— Oui, sire.

— Tu ne diras à personne où tu vas.

— Non, sire.

— Tu remettras cette lettre à l'empereur lui-même et point à d'autres.

— Oui, sire.

— Et à qui que ce soit, même à la reine, tu ne laisseras prendre la réponse.

— Non, sire.

— As-tu de l'argent ?

— Oui, sire.

— Eh bien, pars, alors.

— Je pars, sire.

Et, en effet, le brave homme ne prit que le temps

de glisser la lettre du roi dans une petite poche de cuir pratiquée en manière de portefeuille dans la doublure de sa veste, de mettre sous son bras un petit paquet contenant un peu de linge et de se coiffer de sa casquette de courrier ; après quoi, sans en demander davantage, il s'apprêta à descendre l'escalier.

— Eh bien, tu ne fais pas tes adieux à Jupiter ? dit le roi.

— Je n'osais, sire, répondit Ferrari.

— Voyons, embrassez-vous ; n'êtes-vous pas deux vieux amis, et tous les deux à mon service ?

L'homme et le chien se jetèrent dans les bras l'un de l'autre : tous deux n'attendaient que la permission du roi.

— Merci, sire, dit le courrier.

Et il essuya une larme en se précipitant par les degrés pour rattraper le temps perdu.

— Ou je me trompe fort, dit le cardinal, ou vous avez là un homme qui se fera tuer pour vous à la première occasion, sire !

— Je le crois, dit le roi : aussi, je pense à lui faire du bien.

Ferrari avait disparu depuis longtemps que le roi et le cardinal n'étaient point encore au bas de l'escalier.

Ils rentrèrent dans l'appartement du roi par le même chemin qu'ils avaient pris pour en sortir, refermant derrière eux les portes qu'ils avaient laissées ouvertes.

Un huissier de la reine attendait dans l'antichambre, porteur d'une lettre de Sa Majesté.

— Oh! oh! fit le roi en regardant la pendule, à trois heures du matin? Ce doit être quelque chose de bien important.

— Sire, la reine a vu votre chambre éclairée, et elle a pensé avec raison que Votre Majesté n'était pas encore couchée.

Le roi ouvrit la lettre avec la répugnance qu'il mettait toujours à lire les lettres de sa femme.

— Bon! dit-il aux premières lignes, c'est amusant: voilà ma partie de chasse à tous les diables!

— Je n'ose demander à Votre Majesté ce que lui annonce cette lettre.

— Oh! demandez, demandez, Votre Éminence. Elle m'annonce qu'au retour de la fête et à la suite de nouvelles importantes reçues, M. le capitaine général Acton et Sa Majesté la reine ont décidé qu'il y aurait conseil extraordinaire aujourd'hui mardi. Que le bon Dieu bénisse la reine et M. Acton! Est-ce que je les tourmente, moi? Qu'ils fassent donc ce que je fais, qu'ils me laissent tranquille.

— Sire, répliqua Ruffo, pour cette fois, je suis obligé de donner raison à Sa Majesté la reine et à M. le capitaine général; un conseil extraordinaire me paraît de toute nécessité, et plus tôt il aura lieu, mieux cela vaudra.

— Eh bien, alors, vous en serez, mon cher cardinal.

— Moi, sire? Je n'ai point droit d'assister au conseil!

— Mais, moi, j'ai le droit de vous y inviter.

Ruffo s'inclina.

— J'accepte, sire, dit-il; d'autres y apporteront leur génie, j'y apporterai mon dévouement.

— C'est bien. Dites à la reine que je serai demain au conseil à l'heure qu'elle m'indiquera, c'est-à-dire à neuf heures. Votre Éminence entend?

— Oui, sire.

L'huissier se retira.

Ruffo allait le suivre, lorsqu'on entendit le galop d'un cheval qui passait sous la voûte du palais.

Le roi saisit la main du cardinal.

— En tout cas, dit-il, voilà Ferrari qui part. Éminence, vous serez instruit un des premiers, je vous le promets, de ce qu'aura répondu mon cher neveu.

— Merci, sire.

— Bonne nuit à Votre Éminence... Ah! qu'ils se

tiennent bien demain au conseil! je préviens la reine et M. le capitaine général que je ne serai pas de bonne humeur.

— Bah! sire, dit le cardinal en riant, la nuit portera conseil.

Le roi rentra dans sa chambre à coucher et sonna à briser la sonnette. Le valet de chambre accourut tout effaré, croyant que le roi se trouvait mal.

— Que l'on me déshabille et que l'on me couche! cria le roi d'une voix de tonnerre; et, une autre fois, vous aurez soin que l'on ferme mes jalousies, afin que l'on ne voie pas que ma chambre est éclairée à trois heures du matin.

Disons maintenant ce qui s'était passé dans la *chambre obscure* de la reine, tandis que ce que nous venons de raconter se passait dans la *chambre éclairée* du roi.

XX

LA CHAMBRE OBSCURE

A peine la reine était-elle rentrée chez elle, que le capitaine général Acton s'était fait annoncer en lui mandant qu'il avait deux nouvelles importantes à lui communiquer; mais sans doute ce n'était pas lui que la reine attendait ou n'était-il point le seul qu'elle attendît; car elle répondit assez durement :

— C'est bien ! qu'il entre au salon ; aussitôt que je serai libre, j'irai le rejoindre.

Acton était habitué à ces boutades royales. Depuis longtemps, entre la reine et lui, il n'y avait plus d'amour; il était l'amant en titre comme il était premier ministre; ce qui n'empêchait point qu'il n'y eût d'autres ministres que lui.

Un lien politique rattachait seul l'un à l'autre ces deux anciens amants. Acton avait besoin, pour rester au pouvoir, de l'influence que la reine avait prise sur le roi, et la reine, pour ses vengeances ou ses sympathies, qu'elle satisfaisait avec une égale passion, avait besoin du génie intrigant d'Acton et de sa complaisance infinie, prête à tout supporter pour elle.

La reine se dépouilla rapidement de toute sa toilette de gala, de ses fleurs, de ses diamants, de ses pierreries; elle effaça et fit disparaître le rouge dont les femmes et surtout les princesses couvraient leurs joues à cette époque, passa un long peignoir blanc, prit une bougie, suivit un couloir solitaire, et, après avoir traversé tout un appartement, elle arriva à une chambre isolée, d'un ameublement sévère et communiquant à l'extérieur avec un escalier secret dont la reine avait une clef, et son sbire Pasquale de Simone une autre.

Les fenêtres de cette chambre restaient constamment fermées pendant le jour, et pas le moindre rayon de lumière n'y pénétrait.

Une lampe de bronze occupait le centre de la table, où elle était scellée, et un abat-jour posé sur la lumière était construit de manière à concentrer cette lumière dans la circonférence de la table seulement, et à laisser tout le reste de la chambre dans l'obscurité.

C'était là que l'on entendait les dénonciations. Si les dénonciateurs, malgré l'ombre qui s'épaississait dans les profondeurs de la salle, craignaient d'être reconnus, ils pouvaient entrer un masque sur le visage, ou revêtir dans l'antichambre une de ces longues robes de pénitent qui accompagnent le cadavre au cimetière ou le patient à l'échafaud : linceuls effrayants qui rendent l'homme pareil à un spectre et qui, ne laissant de passage qu'à la vue, font, des trous pratiqués à cet effet, deux ouvertures pareilles aux orbites vides d'une tête de mort.

Les trois inquisiteurs qui s'asseyaient à cette table ont acquis une assez triste célébrité pour faire leurs noms immortels ; ils se nommaient Castel-Cicala, ministre des affaires étrangères, Guidobaldi, vice-président de la junte d'État en permanence depuis quatre ans, et Vanni, procureur fiscal.

La reine, en récompense de ses bons services, venait de faire ce dernier marquis.

Mais, cette nuit-là, la table était déserte, la lampe éteinte, la chambre solitaire ; le seul être vivant ou plutôt ayant apparence de vie qui l'habitât était une pendule dont le balancement monotone et le timbre strident troublaient seuls le silence funèbre qui semblait descendre du plafond et peser sur le parquet.

On eût dit que les ténèbres qui régnaient éternellement dans cette chambre en avaient épaissi l'air et l'avaient rendu semblable à cette vapeur qui flotte au-dessus des marais ; on sentait, en y entrant, que l'on changeait non-seulement de température, mais encore d'atmosphère, et que celle-ci, ne se composant plus des éléments qui forment l'air extérieur, devenait plus difficile à respirer.

Le peuple, qui voyait les fenêtres de cette chambre constamment fermées, l'avait appelée la *chambre obscure;* et, par les bruits vagues qui s'en étaient échappés comme de toute chose mystérieuse, il avait, avec le terrible instinct de divination qui le caractérise, à peu près entrevu ce qui s'y passait, mais, comme ce n'était pas lui que menaçait cette funèbre obscurité, comme les décrets qui sortaient de cette chambre sombre passaient au-dessus de sa tête pour frapper des têtes plus hautes que la sienne, c'était lui qui parlait le plus de cette chambre, mais c'était lui aussi qui, au bout du compte, la craignait le moins.

Au moment où la reine entra, pâle et éclairée comme lady Macbeth par le reflet de la bougie qu'elle tenait à la main, dans cette chambre à l'atmosphère épaisse, cette espèce d'échappement qui précède la sonnerie se fit entendre, et la pendule sonna la demie après deux heures.

Ainsi que nous l'avons dit, la chambre était vide, et, comme si elle se fût attendue à y trouver quelqu'un, la reine parut s'étonner de cette solitude. Un instant elle hésita à s'avancer; mais bientôt, surmontant cette terreur qui l'avait prise au bruit inattendu de la pendule, elle explora les deux angles de la chambre opposés au côté par lequel elle était entrée, et vint, lente et pensive, s'asseoir à la table.

Cette table, tout au contraire de celle qui se trouvait chez le roi, était couverte de dossiers comme le bureau d'un tribunal, et offrait en triple tout ce qu'il fallait pour écrire, papier, encre et plumes.

La reine feuilleta distraitement les papiers; ses

yeux les parcouraient sans les lire, son oreille tendue essayait de saisir le moindre bruit, son esprit errait loin du corps. Au bout d'un instant, ne pouvant contenir son impatience, elle se leva, alla à la porte donnant sur l'escalier secret, y appuya son oreille, et écouta.

Après quelques moments, elle entendit le grincement d'une clef qui tournait dans la serrure, et murmura ce mot, qui peignit l'impatience avec laquelle elle attendait :

— Enfin !

Puis alors, ouvrant la porte donnant sur un escalier sombre :

— Est-ce toi, Pasquale ? demanda-t-elle.

— Oui, Votre Majesté, répondit une voix d'homme venant du bas de l'escalier.

— Tu viens bien tard ! dit la reine regagnant sa place d'un air sombre et le sourcil froncé.

— Par ma foi ! peu s'en est fallu que je ne vinsse pas du tout, répondit celui à qui l'on faisait le reproche de manquer de diligence.

La voix se rapprochait de plus en plus.

— Et pourquoi as-tu manqué de ne pas venir du tout ?

— Parce que la besogne a été rude là-bas, dit l'homme apparaissant enfin à la porte de la chambre.

— Est-elle faite, du moins ? demanda la reine.

— Oui, madame, grâce à Dieu et à saint Pasquale, mon patron, elle est faite et bien faite ; mais elle a coûté cher !

Et, en disant ces mots, le sbire déposait sur un fauteuil un manteau contenant des objets qui rendirent un son métallique au contact du meuble.

La reine le regarda faire avec une expression mêlée de curiosité et de dégoût.

— Comment, cher ? demanda-t-elle.

— Un homme tué et trois blessés, rien que cela.

— C'est bien. On fera une pension à la veuve et l'on donnera des gratifications aux blessés.

Le sbire s'inclina en signe de remercîment.

— Ils étaient donc plusieurs ? demanda la reine.

— Non, madame, il était seul; mais c'était un lion que cet homme; j'ai été obligé de lui lancer mon couteau à dix pas; sans quoi, j'y passais comme les autres.

— Mais enfin ?

— Enfin, on en est venu à bout.

— Et vous lui avez pris les papiers de force?

— Oh! non, de bonne volonté, madame : il était mort.

— Ah ! fit la reine avec un léger frisson. Ainsi, vous avez été obligé de le tuer ?

— Morbleu ! plutôt deux fois qu'une, et cependant, foi de Simone ! cela m'a fait de la peine; il fallait bien, je vous le jure, que ce fût pour le service de Votre Majesté.

— Comment ! cela t'a fait de la peine, de tuer un Français? Je ne te croyais pas le cœur si tendre aux soldats de la République.

— Ce n'était point un Français, madame, dit le sbire en secouant la tête.

— Quelle histoire me contes-tu là ?

— Jamais Français n'a parlé le patois napolitain comme le parlait le pauvre diable.

— Holà ! s'écria la reine, j'espère, que tu n'as pas commis quelque erreur. Je t'avais parfaitement annoncé un Français venant à cheval de Capoue à Pouzzoles.

— C'est bien cela, madame, et en barque de Pouzzoles au château de la reine Jeanne?

— Un aide de camp du général Championnet.

— Oh ! c'est bien à lui que nous avons eu affaire. D'ailleurs, il a eu le soin de nous dire lui-même qui il était.

— Tu lui as donc adressé la parole ?

— Sans doute, madame. En lui entendant hacher du napolitain comme de la paille, j'ai eu peur de me tromper et je lui ai demandé s'il était bien celui que j'étais chargé de tuer.

— Imbécile !

— Pas si imbécile, puisqu'il m'a répondu : « Oui. »

— Il t'a répondu : « Oui ? »

— Votre Majesté comprend bien qu'il eût parfaitement pu me répondre autre chose; qu'il était de Basso-Porto ou de Porta-Capuana, et il m'eût mis dans un grand embarras; car je n'eusse pas pu lui prouver le contraire. Mais non, il n'y a pas été par trente-six chemins. « Je suis celui que vous cherchez. » Et pif! paf! voilà deux hommes à terre de deux coups de pistolet; et vli! vlan! voilà deux hommes à terre de deux coups de sabre. Il aura jugé indigne de mentir, car c'était un brave, je vous en réponds.

La reine fronça le sourcil à cet éloge de la victime par son assassin.

— Et il est mort ?

— Oui, madame, il est mort.

— Et qu'avez-vous fait du cadavre ?

— Ah! par ma foi, madame, une patrouille arrivait, et, comme, en me compromettant, je compromettais Votre Majesté, j'ai laissé à cette patrouille le soin de ramasser les morts et de faire panser les blessés.

— Alors, on va le reconnaître pour un officier français !

— A quoi ? Voilà son manteau, voilà ses pistolets, voilà son sabre, que j'ai ramassés sur le champ de bataille. Ah ! il en jouait bien, du sabre et du pistolet, je vous en réponds ! Quant à ses papiers, il n'avait pas autre chose sur lui que ce portefeuille et ce chiffon, qui y est resté collé.

Et le sbire jetait sur la table un portefeuille en basane teint de sang ; une espèce de chiffon de papier ressemblant à une lettre adhérait en effet au portefeuille, le sang séché l'y maintenait.

Le sbire les sépara l'un de l'autre avec une profonde insouciance et les jeta tous deux sur la table.

La reine allongea la main ; mais sans doute hésitait-elle à toucher ce portefeuille ensanglanté ; car, s'arrêtant à moitié chemin, elle demanda :

— Et son uniforme, qu'en as-tu fait ?

— Voilà encore une chose qui a manqué me faire donner au diable : c'est qu'il n'avait pas plus d'uniforme que sur ma main. Il était tout simplement vêtu, sous son manteau, d'une houppelande de velours vert avec des tresses noires. Comme il avait fait un grand orage, il l'aura laissé à quelque ami qui lui aura prêté sa redingote en échange.

— C'est étrange ! dit la reine ; on m'avait cependant bien donné le signalement; au reste, les papiers contenus dans ce portefeuille lèveront tous nos doutes.

Et, de ses doigts gantés dont les extrémités se teignirent de rouge, elle ouvrit le portefeuille et en tira une lettre portant cette suscription :

« Au citoyen Garat, ambassadeur de la république française à Naples. »

La reine brisa le cachet aux armes de la République, ouvrit la lettre, et, aux premières lignes qu'elle en lut, poussa une exclamation de joie.

Cette joie allait croissant au fur et à mesure qu'elle avançait dans sa lecture, et, quand elle l'eut achevée :

— Pasquale, tu es un homme précieux, dit-elle, et je ferai ta fortune.

— Il y a déjà bien longtemps que Votre Majesté me le promet, répondit le sbire.

— Pour cette fois, sois tranquille, je te tiendrai parole; en attendant, tiens, voici un à-compte.

Elle prit un morceau de papier sur lequel elle écrivit quelques lignes.

— Prends ce bon de mille ducats; il y en a cinq cents pour toi et cinq cents pour tes hommes.

— Merci, madame, fit le sbire soufflant sur le papier pour en faire sécher l'encre avant de le mettre dans sa poche; mais je n'ai pas dit à Votre Majesté tout ce que j'ai à lui dire.

— Et moi, je ne t'ai point demandé tout ce que j'ai à te demander; mais, auparavant, laisse-moi relire cette lettre.

La reine relut la lettre une seconde fois, et, à cette seconde fois, ne parut pas moins satisfaite qu'à la première.

Puis, cette seconde lecture achevée :

— Voyons, mon fidèle Pasquale, qu'avais-tu à me dire?

— J'avais à vous dire, madame, que, du moment où ce jeune homme est resté depuis onze heures et demie jusqu'à une heure du matin dans les ruines du palais de la reine Jeanne; que, du moment où il y a troqué son uniforme militaire contre une houppelande bourgeoise, il n'y est pas resté seul; et sans doute avait-il des lettres de la part de son général pour d'autres personnes encore que l'ambassadeur français.

— C'était justement ce que je pensais en même temps que tu me le disais, mon cher Pasquale. Et sur ces personnes, ajouta la reine, tu n'as aucun soupçon?

— Non, pas encore; mais nous allons, je l'espère bien, savoir quelque chose de nouveau.

— Je t'écoute, Pasquale, dit la reine en inondant en quelque sorte le sbire de la lumière de ses yeux.

— Des huit hommes que j'avais commandés pour l'expédition de cette nuit, j'en ai distrait deux, pensant que c'était assez de six pour venir à bout de notre aide de camp; il a failli m'en coûter cher de l'avoir pesé à faux poids; mais cela ne fait rien... Eh bien, ces deux hommes, je les ai placés en embuscade au-dessus du palais de la reine Jeanne, avec ordre de suivre les gens qui en sortiraient avant ou après l'homme à qui j'avais affaire moi-même, et de tâcher de savoir qui ils sont ou du moins où ils demeurent.

— Eh bien?

— Eh bien, madame, je leur ai donné rendez-vous au pied de la statue du Géant, et, si Votre Majesté le permet, je vais voir s'ils sont à leur poste.

— Va! et, s'ils y sont, amène-les-moi; je veux les interroger moi-même.

Pasquale de Simone disparut dans le corridor, et l'on entendit le bruit de ses pas décroître au fur et à mesure qu'il descendait les marches de l'escalier.

Restée seule, la reine jeta vaguement un regard sur la table, elle y vit ce second papier, que le sbire avait traité de chiffon, décollé du portefeuille où il adhérait et rejeté en même temps que lui sur la table.

Dans son désir de lire la lettre du général Championnet, et dans sa satisfaction après l'avoir lue, elle l'avait oublié.

C'était une lettre écrite sur un élégant papier; elle était d'une écriture de femme, mince, fine, aristocratique; aux premiers mots, la reine reconnut une lettre d'amour.

Elle commençait par ces deux mots : *Caro Nicolino*.

Par malheur pour la curiosité de la reine, le sang avait presque entièrement envahi la page écrite; on pouvait seulement distinguer la date, qui était le 20 septembre, et lire les regrets ressentis par la personne qui écrivait la lettre de ne pouvoir venir à son rendez-vous accoutumé, obligée qu'elle était de suivre la reine, qui allait au-devant de l'amiral Nelson.

Il n'y avait pour toute signature qu'une lettre, une initiale, une *E*.

Pour cette fois, la reine s'y perdait complétement.

Une lettre de femme, une lettre d'amour, une lettre datée du 20 septembre, une lettre enfin d'une personne qui s'excusait de manquer son rendez-vous habituel parce qu'elle était obligée de suivre la reine, une pareille lettre ne pouvait être adressée à l'aide de camp de Championnet qui, le 20 septembre, c'est-à-dire trois jours auparavant, était à cinquante lieues de Naples.

Il n'y avait qu'une probabilité, et l'esprit intelligent de la reine la lui présenta bientôt.

Cette lettre se trouvait sans doute dans la poche de la houppelande prêtée à l'envoyé du général Championnet, par un de ses complices du palais de la reine Jeanne. L'aide de camp avait mis son portefeuille dans la même poche après l'avoir enlevé de son uniforme; le sang, en coulant de la blessure, avait collé la lettre au portefeuille, quoique cette lettre et ce portefeuille n'eussent rien de commun entre eux.

La reine se leva alors, alla au fauteuil où Pasquale avait déposé le manteau, examina ce manteau, et, en l'ouvrant, trouva le sabre et les pistolets qu'il renfermait.

Le manteau était évidemment un simple manteau d'ordonnance d'officier de cavalerie française.

Le sabre, comme le manteau, était d'ordonnance; il avait dû appartenir à l'inconnu; mais il n'en était pas de même des pistolets.

Les pistolets, très-élégants, étaient de la manufacture royale de Naples, montés en vermeil et portaient gravée sur un écusson la lettre *N*.

Un jour se faisait sur cette mystérieuse affaire. Sans aucun doute, les pistolets appartenaient à ce même *Nicolino* auquel la lettre était adressée.

La reine mit les pistolets à part avec la lettre, en attendant mieux; c'était un commencement d'indice qui pouvait conduire à la vérité.

En ce moment, de Simone rentrait avec ses deux hommes.

Les renseignements qu'ils apportaient étaient de peu de valeur.

Cinq ou six minutes après la sortie de l'aide de camp, ils avaient cru voir une barque montée par trois personnes s'éloigner comme si elle allait à la villa, profitant de la mer qui avait calmi.

Deux de ces personnes ramaient.

Il n'y avait point à s'occuper de cette barque; elle échappait naturellement à l'investigation des deux sbires, qui ne pouvaient la suivre sur l'eau.

Mais, presque au même moment, par compensation, trois autres personnes apparaissaient à la porte donnant sur la route du Pausilippe, et, après avoir regardé si la route était libre, se hasardaient à sortir en fermant avec soin cette porte derrière eux; seulement, au lieu de descendre la route du côté de Mergellina, comme avait fait le jeune aide de camp ils la remontèrent du côté de la villa de Lucullus.

Les deux sbires suivirent les trois inconnus.

Au bout de cent pas, à peu près, l'un de ces derniers gravit le talus à droite et se jeta dans un petit sentier où il disparut derrière les aloès et les cactus; celui-là devait être très-jeune, autant qu'on avait pu en juger par la légèreté avec laquelle il avait gravi les talus et par la fraîcheur de la voix avec laquelle il avait crié à ses deux amis :

— Au revoir !

Les autres avaient gravi le talus à leur tour, mais plus lentement, et par un sentier qui, en longeant la pente de la montagne et en revenant sur Naples, devait les conduire au Vomero.

Les sbires s'étaient engagés derrière eux dans le même sentier; mais, se voyant suivis, les deux inconnus s'étaient arrêtés, avaient tiré de leur ceinture, chacun une paire de pistolets, et, s'adressant à ceux qui les suivaient :

— Pas un pas de plus, avaient-ils dit, ou vous êtes morts !

Comme la menace était faite d'une voix qui ne laissait pas de doute sur son exécution, les deux sbires, qui n'avaient point ordre de pousser les choses à leur extrémité, et qui, d'ailleurs, n'étaient armés que de leurs couteaux, se tinrent immobiles et se contentèrent de suivre des yeux les deux inconnus jusqu'à ce qu'ils les eussent perdus de vue.

Donc, aucun renseignement à attendre de ces hommes, et le seul fil à l'aide duquel on pût suivre la conspiration perdue dans le labyrinthe du palais de la reine Jeanne était cette lettre d'amour adressée à Nicolino et ces pistolets achetés à la manufacture royale et marqués d'une *N*.

La reine fit signe à Pasquale que lui et ses hommes pouvaient se retirer ; elle jeta dans une armoire le sabre et le manteau, qui, pour le moment, ne lui étaient d'aucune utilité, et rapporta chez elle le portefeuille, les pistolets et la lettre.

Acton attendait toujours.

Elle déposa dans un tiroir de secrétaire les pistolets et le portefeuille, ne gardant que la lettre tachée de sang, avec laquelle elle entra au salon.

Acton, en la voyant paraître, se leva et la salua sans manifester la moindre impatience de sa longue attente.

La reine alla à lui.

— Vous êtes chimiste, n'est-ce pas, monsieur? lui dit-elle.

— Si je ne suis pas chimiste dans toute l'acception du mot, madame, répondit Acton, j'ai du moins quelques connaissances en chimie.

— Croyez-vous que l'on puisse effacer le sang qui tache cette lettre sans en effacer l'écriture ?

Acton regarda la lettre; son front s'assombrit.

— Madame, dit-il, pour la terreur et le châtiment de ceux qui le répandent, la Providence a voulu que le sang laissât des taches difficiles entre toutes à faire disparaître. Si l'encre dont cette lettre est écrite est composée, comme les encres ordinaires, d'une simple teinture et d'un mordant, l'opération sera difficile; car le chlorure de potassium, en enlevant le sang, attaquera l'encre; si, au contraire, ce qui n'est pas probable, l'encre contient du nitrate d'argent ou est composée de charbon animal et de gomme copale, une solution d'hypochlorite de chaux enlèvera la tache sans porter aucune atteinte à l'encre.

— C'est bien, faites de votre mieux; il est très-important que je connaisse le contenu de cette lettre.

Acton s'inclina.

La reine reprit :

— Vous m'avez fait dire, monsieur, que vous aviez deux nouvelles graves à me communiquer. J'attends.

— Le général Mack est arrivé ce soir pendant la fête, et, comme je l'y avais invité, est descendu chez moi, où je l'ai trouvé en rentrant.

— Il est le bienvenu, et je crois que, décidément, la Providence est pour nous. Et la seconde nouvelle, monsieur?

— Est non moins importante que la première, madame. J'ai échangé quelques mots avec l'amiral Nelson, et il est en mesure de faire, à l'endroit de l'argent, tout ce que Votre Majesté désirera.

— Merci; voilà qui complète la série des bonnes nouvelles.

Caroline alla à la fenêtre, écarta les tentures, jeta un coup d'œil sur l'appartement du roi, et, le voyant éclairé :

— Par bonheur, le roi n'est pas encore couché, dit-elle; je vais lui écrire qu'il y a conseil extraordinaire ce matin et qu'il est de toute nécessité qu'il y assiste.

— Il avait, je crois me le rappeler, des projets de chasse pour aujourd'hui, répliqua le ministre.

— Bon! dit dédaigneusement la reine, il les remettra à un autre jour.

Puis elle prit une plume et écrivit la lettre que nous avons vue parvenir au roi.

Alors, comme Acton, toujours debout, semblait attendre un dernier ordre :

— Bonne nuit, mon cher général! lui dit la reine avec un gracieux sourire. Je suis fâchée de vous avoir retenu si tard; mais, quand vous saurez ce que j'ai fait, vous verrez que je n'ai pas perdu mon temps.

Elle tendit la main à Acton; celui-ci la baisa respectueusement, salua et fit quelques pas pour s'éloigner.

— A propos, dit la reine.

Acton se retourna.

— Le roi sera de très-mauvaise humeur au conseil.

— J'en ai peur, dit Acton en souriant.

— Recommandez à vos collègues de ne pas souffler le mot, de ne répondre que quand ils seront interrogés; toute la comédie doit se jouer entre le roi et moi.

— Et je suis sûr, dit Acton, que Votre Majesté a choisi le bon rôle.

— Je le crois, dit la reine; d'ailleurs, vous verrez.

Acton s'inclina une seconde fois et sortit.

— Ah! murmura la reine en sonnant ses femmes, si Emma fait ce qu'elle m'a promis, tout ira bien.

XXI

LE MÉDECIN ET LE PRÊTRE

Finissons-en avec les événements de cette nuit si pleine d'événements, afin que nous puissions continuer désormais notre récit, sans être forcé de nous arrêter ou de revenir en arrière.

Si nos lecteurs ont lu avec attention notre dernier chapitre, ils doivent se rappeler que les conspirateurs, après le départ de Salvato Palmieri, s'étaient séparés en deux groupes de trois personnes chacun : l'un, qui avait remonté le Pausilippe ; l'autre, qui avait pris la mer dans une barque.

Le groupe qui avait remonté le Pausilippe se composait de Nicolino Caracciolo, de Velasco et de Schipani.

L'autre, qui était parti à l'aide d'une barque amarrée sous le grand portique du palais de la reine Jeanne, portique que baigne la mer, et où elle avait bravé la tempête, se composait de Dominique Cirillo, d'Ettore Caraffa et de Manthonnet.

Ettore Caraffa était, comme nous l'avons dit, caché à Portici. Manthonnet y demeurait. Manthonnet, grand amateur de la pêche, avait une barque à lui. Avec cette barque, aidé d'Hector Caraffa, il se rendait de Portici au palais de la reine Jeanne. Rudes rameurs tous deux, ils faisaient le trajet en deux heures par les temps calmes. Quand il y avait du vent et que le vent était bon, ils allaient à la voile, et la voile leur suffisait.

Cette nuit-là, ils s'en retournaient ainsi que de coutume; seulement, ils s'en allaient à la rame, le vent étant tombé et la mer ayant calmi; en passant, ils devaient déposer Cirillo à Mergellina. Cirillo demeurait à l'extrémité de la rivière de Chiaïa : voilà pourquoi, au lieu de nager directement sur Portici, ils avaient été vus par les sbires longeant le rivage.

Arrivés en face du casino du Roi, aujourd'hui appartenant au prince Torlonia, ils déposèrent Cirillo à terre, choisissant un endroit où la pente était facile pour atteindre le chemin, devenu depuis une rue.

Puis ils avaient repris la mer, s'écartant cette fois du rivage et naviguant pour passer à la pointe du château de l'Œuf.

Cirillo avait donc atteint la rue facilement et sans être remarqué, lorsque, après avoir fait une centaine de pas, il vit tout à coup un groupe composé d'une vingtaine de soldats arrêtés et paraissant discuter au milieu du chemin; leurs fusils brillaient à la lueur de deux torches.

A cette même lueur qui se reflétait dans leurs armes, ils semblaient examiner deux hommes couchés en travers de la rue.

Cirillo reconnut une patrouille dans l'exercice de ses fonctions.

C'était, en effet, la patrouille qu'avait entendue venir Pasquale de Simone, et devant laquelle il avait fui pour ne pas compromettre la reine.

Comme l'avait présumé le sbire, arrivée au lieu du combat, la patrouille avait trouvé couché sur le *lastrico* un mort et un blessé; les deux autres blessés, celui qui avait reçu un coup de sabre à travers la figure et celui qui avait eu l'épaule brisée par une balle, avaient eu la force de fuir par la petite rue qui longeait la partie nord du jardin de la San-Felice.

La patrouille avait facilement reconnu que l'un des deux hommes était mort, et que, de celui-là, il était parfaitement inutile de se préoccuper; mais, quoique évanoui, son compagnon respirait encore; et, celui-là, peut-être pouvait-on le sauver.

On était à vingt pas de la fontaine du Lion; un des soldats alla y prendre de l'eau dans son bonnet et revint vider cette eau sur le visage du blessé, qui, surpris par cette fraîcheur inattendue, rouvrit les yeux et revint à lui.

Se voyant entouré de soldats, il essaya de se lever, mais inutilement ; il était complétement paralysé, la tête seule pouvait tourner à droite et à gauche.

— Dites donc, mes amis, fit-il, si je n'ai plus qu'à mourir, ne pourrait-on pas au moins me porter sur un lit un peu plus doux ?

— Ma foi, dirent les soldats, c'est un bon diable ; il faut, quel qu'il soit, lui accorder ce qu'il demande.

Ils essayèrent de le soulever dans leurs bras.

— Eh ! mordieu ! dit celui-ci, touchez-moi comme si j'étais de verre, *mannaggia la Madonna!*

Ce blasphème, un des plus grands que puisse proférer un Napolitain, indiquait que le mouvement qu'on venait de lui faire faire avait causé au blessé une vive douleur.

En apercevant ce groupe, la première pensée de Cirillo fut de l'éviter ; mais, presque aussitôt, il songea que cette patrouille, et les hommes qu'elle ramassait sur le pavé, se trouvaient justement au beau travers de la route qu'avait dû suivre Salvato Palmieri, pour se rendre chez l'ambasssadeur français, et il lui vint naturellement à l'idée que ce rassemblement pouvait bien être causé par quelque catastrophe dans laquelle le jeune envoyé du général Championnet avait eu sa part et joué son rôle.

Il s'avança donc résolûment, au moment même où l'officier commandant la patrouille menaçait d'enfoncer la porte d'une maison située de l'autre côté de la fontaine du Lion et faisant l'angle de la rue, un des caractères distinctifs de la population napolitaine étant la répugnance qu'elle éprouve instinctivement à porter secours à son semblable, fût-il en danger de mort.

Mais, à l'ordre de l'officier, et surtout devant les coups de crosse de fusil des soldats, la porte finit par s'ouvrir, et Cirillo entendit deux ou trois voix qui demandaient où l'on pouvait trouver un chirurgien.

Son devoir et sa curiosité le poussaient doublement à s'offrir.

— Je suis médecin et non chirurgien, dit-il; mais, peu importe, je puis au besoin faire de la chirurgie.

— Ah! monsieur le docteur, dit le blessé que l'on apportait et qui avait entendu les paroles de Cirillo, j'ai peur que vous n'ayez en moi une mauvaise pratique.

— Bon ! dit Cirillo, la voix ne me paraît pas mauvaise, cependant.

— Il n'y a plus que la langue qui remue, dit le blessé, et, ma foi, j'en use.

Pendant ce temps, on avait tiré un matelas du lit, on l'avait posé sur une table au milieu de la chambre ; on y coucha le blessé.

— Des coussins, des coussins sous la tête, dit Cirillo ; la tête d'un blessé doit toujours être haute.

— Merci, docteur, merci ! dit le sbire ; je vous aurai la même reconnaissance que si vous réussissiez.

— Et qui vous dit que je ne réussirai pas ?

— Hum ! je me connais en blessures, allez ! Celle-là va à fond.

Il fit signe à Cirillo de s'approcher. Cirillo pencha son oreille vers la bouche du blessé.

— Ce n'est pas que je doute de votre science ; mais vous feriez bien, je crois, comme si cela venait de vous, d'envoyer chercher un prêtre.

—Déshabillez cet homme avec les plus grandes précautions, dit Cirillo.

Puis, s'adressant au maître de la maison, qui, avec sa femme et ses deux enfants, regardaient curieusement le blessé :

— Envoyez un de vos deux bambins à l'église de Santa-Maria-di-Porto-Salvo et faites demander don Michelangelo Ciccone.

— Ah! nous le connaissons. Cours, Tore, cours-tu as entendu ce que dit M. le docteur.

— J'y vais, dit l'enfant.

Et il s'élança hors de la maison.

— Il y a une pharmacie à dix pas d'ici, lui cria Cirillo; réveille en passant le pharmacien et dis-lui que le docteur Cirillo va lui envoyer une ordonnance. Qu'il ouvre sa porte et qu'il attende.

— Ah çà! quel diable d'intérêt avez-vous donc à ce que je vive? demanda le blessé au docteur.

— Moi, mon ami? répondit Cirillo. Aucun; l'humanité.

— Oh! le drôle de mot! dit le sbire avec un ricanement douloureux; c'est la première fois que je l'entends prononcer... Ah! *Madonna del Carmine!*

— Qu'y a-t-il? demanda Cirillo.

— Il y a qu'ils me font mal en me déshabillant.

Cirillo tira sa trousse, y prit un bistouri et fendit la culotte, la veste et la chemise du sbire, de manière à mettre à découvert tout son flanc gauche.

— A la bonne heure! dit le blessé, voilà un valet de chambre qui s'y entend. Si vous savez aussi bien recoudre que couper, vous êtes un habile homme, docteur!

Puis, montrant la plaie qui s'ouvrait entre les fausses côtes :

— Tenez, c'est là, dit-il.

— Je vois bien, dit le docteur.

— Mauvais endroit, n'est-ce pas?

— Lavez-moi cette blessure-là avec de l'eau fraîche, et le plus doucement que vous pourrez, dit le docteur à la maîtresse de la maison. Avez-vous du linge bien doux?

— Pas trop, dit celle-ci.

— Tenez, voilà mon mouchoir ; pendant ce temps-là, on ira chez le pharmacien chercher l'ordonnance que voici.

Et, au crayon, il écrivit en effet une potion cordiale calmante, composée d'eau simple, d'acétate d'ammoniaque et de sirop de cédrat.

— Et qui payera? demanda la femme tout en lavant la plaie avec le mouchoir du docteur.

— Pardieu! moi, dit Cirillo.

Et il mit une pièce de monnaie dans l'ordonnance, en disant au second bambin :

— Cours vite! le reste de la monnaie sera pour toi.

— Docteur, dit le sbire, si j'en reviens, je me fais moine et je passe ma vie à prier pour vous.

Le docteur, pendant ce temps, avait tiré de sa trousse une sonde d'argent ; il s'approcha du blessé.

— Ah çà! lui dit-il, mon brave, il s'agit d'être homme.

— Vous allez sonder ma blessure?

— Il le faut bien, pour savoir à quoi s'en tenir.

— Est-il permis de jurer?

— Oui; seulement, on vous écoute et l'on vous regarde. Si vous criez trop, on dira que vous êtes douillet; si vous jurez trop, on dira que vous êtes impie.

— Docteur, vous avez parlé d'un cordial. Je ne serais pas fâché d'en prendre une cuillerée avant l'opération.

L'enfant rentra tout essoufflé, tenant une petite bouteille à la main.

— Mère, dit-il, il y a eu six grains pour moi.

Cirillo lui prit la bouteille des mains.

— Une cuiller, dit-il.

On lui donna une cuiller; il y versa ce qu'elle pouvait contenir du cordial et le fit boire au blessé.

— Tiens! dit celui-ci après un instant, cela me fait du bien.

— C'est pour cela que je vous le donne.

Puis, après quelques secondes:

— Maintenant, dit gravement Cirillo, êtes-vous prêt?

— Oui, docteur, dit le blessé ; allez, je tâcherai de vous faire honneur.

Le docteur enfonça lentement, mais d'une main ferme, la sonde dans la blessure. Au fur à mesure que l'instrument disparaissait dans la plaie, le visage du patient se décomposait ; mais il ne poussa pas une plainte. La souffrance et le courage étaient si visibles, qu'au moment où le docteur retira sa sonde, un murmure d'encouragement sortit de la bouche des soldats qui assistaient curieusement à ce sombre et émouvant spectacle.

— Est-ce cela, docteur ? demanda le sbire tout orgueilleux de lui-même.

— C'est plus que je n'attendais du courage d'un homme, mon ami, répondit Cirillo en essuyant avec la manche de son habit la sueur de son front.

— Eh bien, donnez-moi à boire, ou je vais me trouver mal, dit le blessé d'une voix éteinte.

Cirillo lui donna une seconde cuillerée du cordial.

Non-seulement la blessure était grave ; mais, comme l'avait jugé le blessé lui-même, elle était mortelle.

La pointe du sabre avait pénétré entre les fausses côtes, avait touché l'aorte thoracique et traversé le diaphragme ; tous les secours de l'art, en diminuant l'hémorrhagie par la compression, devaient se borner à prolonger de quelques instants la vie, voilà tout.

— Donnez-moi du linge, dit Cirillo en regardant autour de lui.

— Du linge? dit l'homme. Nous n'en avons pas.

Cirillo ouvrit une armoire, y prit une chemise et la déchira par petits morceaux.

— Eh bien, que faites-vous donc? cria l'homme. Vous déchirez mes chemises, vous!

Cirillo tira deux piastres de sa poche et les lui donna.

— Oh! à ce prix-là, dit l'homme, vous pouvez les déchirer toutes.

— Dites donc, docteur, fit le blessé, si vous avez beaucoup de pratiques comme moi, vous ne devez pas vous enrichir.

Avec une partie de la chemise, Cirillo fit un tampon; avec l'autre, une bande.

— Maintenant, vous sentez-vous mieux? demanda-t-il au blessé.

Celui-ci respira longuement et avec hésitation.

— Oui, dit-il.

— Alors, dit l'officier, vous pouvez répondre à mes questions?

— A vos questions? Pour quoi faire?

— J'ai mon procès-verbal à rédiger.

— Ah! dit le blessé, votre procès-verbal, je vais vous le dicter en quatre mots. Docteur, une cuillerée de votre affaire.

Le sbire but une cuillerée de cordial et reprit :

— Moi, sixième, nous attendions un jeune homme pour l'assassiner; il a tué l'un de nous, il en a blessé trois, et je suis l'un des trois blessés : voilà tout.

On comprend avec quelle attention Cirillo avait écouté la déclaration du mourant; ses soupçons étaient donc fondés : ce jeune homme que les sbires attendaient pour l'assassiner, sans aucun doute c'était Salvato Palmieri; d'ailleurs, quel autre que lui pouvait mettre hors de combat quatre hommes sur six?

— Et quels sont les noms de vos compagnons? demanda l'officier.

Le blessé fit une grimace qui ressemblait à un sourire.

— Ah! pour cela, dit-il, vous êtes trop curieux, mon bon ami. Si vous les savez par quelqu'un, ce ne sera point par moi; puis, quand je vous les dirais, cela ne vous servirait pas à grand'chose.

— Cela me servirait à les faire arrêter.

— Croyez-vous? Eh bien, je vais vous dire quelqu'un qui les sait, leurs noms; libre à vous d'aller les lui demander.

— Et quel est ce quelqu'un?

— Pasquale de Simone. Voulez-vous son adresse? Basso-Porto, au coin de la rue Catalana.

— Le sbire de la reine! murmurèrent à demi-voix les assistants.

— Merci, mon ami, dit l'officier; mon procès-verbal est fait.

Puis, s'adressant à la patrouille:

— Allons, en route! dit-il; depuis une heure, nous perdons notre temps ici.

Et on entendit le froissement des armes et le bruit mesuré des pas qui s'éloignaient.

Cirillo resta debout près du blessé.

— Les avez-vous vus, dit le sbire, comme ils ont décampé?

— Oui, répondit Cirillo, et je comprends que vous n'ayez rien voulu dire qui compromit vos camarades; mais, à moi, refuserez-vous de me donner quelques renseignements qui ne compromettent personne et qui n'intéressent que moi?

— Oh! à vous, docteur, je ne demande pas mieux; vous avez eu la bonne volonté de me faire du bien, et vous m'eussiez sauvé si j'avais pu l'être; seulement, dépêchez-vous, je sens que je m'affaiblis; demandez-moi vite ce que vous désirez savoir, la langue s'embarbouille; c'est ce que nous appelons le commencement de la fin.

— Je serai bref. Ce jeune homme que Pasquale de Simone attendait pour l'assassiner, n'était-ce pas un jeune officier français?

— Il parait que oui, quoiqu'il parlât le napolitain comme vous et moi.

— Est-il mort?

— Je ne saurais vous l'affirmer; mais ce que je puis vous dire, c'est que, s'il n'est pas mort, il est au moins bien malade.

— Vous l'avez vu tomber?

— Oui, mais mal vu : j'étais déjà à terre, et, dans ce moment-là, je m'occupais plus de moi que de lui.

— Enfin, qu'avez-vous vu? Rappelez tous vos souvenirs : j'ai le plus grand intérêt à savoir ce qu'est devenu ce jeune homme.

— Eh bien, j'ai vu qu'il est tombé contre la porte du jardin au palmier, et puis alors, comme à travers un nuage, il m'a semblé que la porte du jardin s'ouvrait et qu'une femme vêtue de blanc attirait à elle ce jeune homme. Après cela, il est possible que ce soit une vision, et que ce que j'ai pris pour une femme vêtue de blanc, ce fût l'ange de la mort qui venait chercher son âme.

— Et ensuite, vous n'avez plus rien vu?

— Si fait. J'ai vu le *beccaio* qui s'enfuyait en tenant sa tête entre ses mains ; il était tout aveuglé par le sang.

— Merci, mon ami ; je sais maintenant tout ce que je voulais savoir ; d'ailleurs, il me semble que j'entends...

Cirillo prêta l'oreille.

— Oui, le prêtre et sa sonnette. Oh ! j'ai entendu aussi... Quand cette sonnette-là vient pour vous, on l'entend de loin !

Il se fit un instant de silence, pendant lequel la sonnette se rapprocha de plus en plus.

— Ainsi, dit le sbire à Cirillo, c'est bien fini, n'est-ce pas ? il ne s'agit plus de songer aux choses de ce monde ?

— Vous m'avez prouvé que vous étiez un homme ; je vous parlerai comme à un homme : vous avez le temps de vous réconcilier avec Dieu, et voilà tout.

— *Amen!* fit le sbire. Et, maintenant, une dernière cuillerée de votre cordial, afin que j'aie la force d'aller jusqu'au bout ; car je me sens bien bas.

Cirillo fit ce que lui demandait le blessé.

— Maintenant, serrez-moi la main bien fort.

Cirillo lui serra la main.

— Plus fort, dit le sbire, je ne vous sens pas.

Cirillo serra de toutes ses forces la main du mourant, déjà paralysée.

— Puis faites sur moi le signe de la croix. Dieu m'est témoin que je voudrais le faire moi-même, mais que je ne puis.

Cirillo fit le signe de la croix, et le blessé, d'une voix qui s'affaiblissait de plus en plus, prononça les paroles : *Au nom du Père, du Fils et du Saint-Esprit, ainsi-soit-il!*

En ce moment, le prêtre parut sur la porte, précédé de l'enfant qui l'était allé chercher; il avait à sa gauche la croix, à sa droite l'eau bénite, et lui-même portait le saint viatique.

A sa vue, tout le monde tomba à genoux.

— On m'a appelé ici ? demanda-t-il.

— Oui, mon père, dit le moribond ; un pauvre pécheur est sur le point de rendre l'âme, si toutefois il en a une, et, dans cette rude opération, il désire que vous l'aidiez de vos prières, n'osant vous demander votre bénédiction, dont il se reconnait indigne.

— Ma bénédiction est à tous, mon fils, répondit le prêtre, et plus grand est le pécheur, plus il en a besoin.

Il approcha une chaise du chevet du lit et s'assit,

le ciboire entre ses deux mains et l'oreille près de la bouche du mourant.

Cirillo n'avait plus rien à faire près de cet homme, dont il avait, autant qu'il était en son pouvoir, adouci matériellement la dernière heure; le médecin avait achevé son œuvre, c'était au prêtre de commencer la sienne; il se glissa hors de la maison, ayant hâte de visiter le lieu de la lutte et de s'assurer que le sbire lui avait dit la vérité à l'endroit de Salvato Palmieri.

On sait quelles étaient les localités. Au palmier balançant sa tête élégante au-dessus des orangers et des citronniers, Cirillo reconnut la maison du chevalier San-Felice.

Le sbire avait bien désigné le terrain. Cirillo alla droit à la petite porte du jardin, par laquelle celui-ci avait vu ou cru voir disparaître le blessé; il s'inclina contre cette porte et crut y reconnaître effectivement des traces de sang.

Mais cette tache noire était-elle du sang ou seulement de l'humidité? Cirillo avait laissé son mouchoir aux mains de la femme qui avait lavé la blessure du sbire; il détacha sa cravate, en mouilla un bout à la fontaine du Lion, puis revint en frotter cette portion de bois, qui paraissait de teinte plus foncée que le reste.

A quelques pas de là, en remontant vers le palais de la reine Jeanne, une lanterne brûlait devant une madone.

Cirillo monta sur une borne et approcha la batiste de la lanterne.

Il n'y avait pas à s'y tromper, c'était bien du sang.

— Salvato Palmieri est là, dit-il en étendant le bras vers la maison du chevalier San-Felice ; seulement, est-il mort ou est-il vivant? C'est ce que je saurai aujourd'hui même.

Il traversa la place et repassa devant la maison où l'on avait porté le sbire.

Il jeta un coup d'œil dans l'intérieur.

Le blessé venait d'expirer, et don Michelangelo Ciccone priait à son chevet.

Au moment où Dominique Cirillo rentrait chez lui, trois heures sonnaient à l'église de Pie-di-Grotta.

XXII

LE CONSEIL D'ÉTAT.

Outre les séances qui se tenaient chez la reine, dans cette chambre obscure où nous avons introduit nos lecteurs, et que l'on eût pu à bon droit prendre pour des séances de l'inquisition, il y avait chaque semaine, au palais, quatre conseils ordinaires : le lundi, le mercredi, le jeudi et le vendredi.

Les personnes qui composaient ces conseils d'État étaient :

Le roi, lorsqu'il y était forcé par l'importance des affaires ;

La reine, dont nous avons expliqué le droit de présence ;

Le capitaine général Jean Acton, président du conseil ;

Le prince de Castel-Cicala, ministre des affaires étrangères, marine, commerce, et espion dénonciateur et juge dans ses moment perdus ;

Le brigadier Jean-Baptiste Ariola, ministre de la guerre, homme intelligent et comparativement honnête ;

Le marquis Saverio Simonetti, ministre de grâce et justice.

Le marquis Ferdinand Corradino, ministre des cultes et des finances, qui eût été le plus médiocre de tous les ministres, s'il n'eût rencontré au conseil Saverio Simonetti, encore plus médiocre que lui.

Dans les grandes occasions, on adjoignait à ces messieurs, le marquis de la Sambucca, le prince Carini, le duc de San-Nicolo, le marquis Balthazar Cito, le marquis del Gallo et les généraux Pignatelli, Colli et Parisi.

Tout au contraire du roi, qui assistait à l'un de ces conseils sur dix, la reine y était fort assidue ; il est vrai que souvent elle semblait simple spectatrice de la discussion, se tenant éloignée de la table et assise dans quelque coin ou quelque embrasure de fenêtre avec sa favorite Emma Lyonna, qu'elle avait introduite dans la salle des séances comme une chose à elle et étant de sa suite obligée, sans plus d'importance apparente que n'en avait, derrière Ferdinand, Jupiter, son épagneul favori.

Chacun jouait sa comédie : les ministres avaient l'air de discuter, Ferdinand avait l'air d'être attentif,

Caroline avait l'air d'être distraite, le roi grattait l'occiput de son chien, la reine jouait avec les cheveux d'Emma, favori et favorite étaient couchés, l'un aux pieds de son maître, l'autre aux genoux de sa maîtresse. Les ministres, soit en passant devant eux, soit dans les intervalles des discussions, faisaient une caresse à Jupiter, un compliment à Emma, et caresse et compliment étaient récompensés par un sourire du maitre ou de la maitresse.

Le capitaine général Jean Acton, seul pilote chargé de la responsabilité de ce navire battu par le vent révolutionnaire qui venait de France, et engagé, en outre, dans les récifs de cette mer dangereuse des sirènes, où sombrèrent en six siècles huit dominations différentes ; Acton, le front plissé, l'œil sombre, la main frémissante comme s'il eût en effet touché le gouvernail, semblait seul comprendre la gravité de sa situation et l'approche du danger.

Appuyée sur la flotte anglaise, à peu près sûre du concours du Nelson, forte surtout de sa haine contre la France, la reine était décidée non-seulement à affronter le danger, mais encore à aller au-devant de lui et à le provoquer.

Quant à Ferdinand, c'était tout le contraire ; il avait jusqu'alors, avec toutes les ressources de sa feinte bonhomie, louvoyé, de manière sinon à satisfaire la France, au moins à ne lui fournir aucun moyen spécieux de se brouiller avec lui.

Et voilà que, grâce aux imprudences de Caroline, les événements avaient marché plus vite que ne l'avait calculé le roi, lequel, au lieu de leur imprimer un mouvement impulsif, eût voulu les laisser se dérouler avec une sage lenteur; voilà qu'on avait été, comme nous l'avons vu, au-devant de Nelson; voilà qu'au mépris des traités conclus avec la France, on avait reçu la flotte anglaise dans le port de Naples; voilà qu'on avait donné une fête splendide au vainqueur d'Aboukir; voilà que l'ambassadeur de la République, lassé de tant de mauvaise foi, de tant de mensonges et de tant d'affronts, sans calculer si de son côté la France était prête, avait, au nom de la France, déclaré la guerre au gouvernement des Deux-Siciles; voilà enfin que le roi, qui avait, pour le mardi 27 septembre, ordonné une magnifique chasse, dont trois fanfares devaient lui donner le signal, avait, comme nous l'avons vu, par suite de la lettre de la reine, décommandé sa chasse et été obligé de la convertir en conseil d'État!

Au reste, ministres et conseillers avaient été prévenus par Acton de la mauvaise humeur probable de Sa Majesté, et invités à se renfermer dans le silence pythagoricien.

La reine était arrivée la première au conseil, et, outre les ministres et les conseillers, elle y avait trouvé le cardinal Ruffo ; elle lui avait alors fait demander à quelle circonstance heureuse elle devait le plaisir de sa présence ; Ruffo avait répondu qu'il était là par ordre exprès du roi ; la reine et le cardinal avaient échangé, l'une une légère inclination de tête, l'autre une profonde révérence, et l'on avait silencieusement attendu l'arrivée du roi.

A neuf heures un quart, la porte s'était ouverte à deux battants, et les huissiers avaient annoncé :

— Le roi !

Ferdinand était entré doublement mécontent et faisant opposition, par son air maussade et rechigné, à l'air joyeux et vainqueur de la reine ; son épagneul Jupiter, avec lequel nous avons déjà fait connaissance, ne le cédant point en intelligence aux coursiers d'Hippolyte, le suivait, la tête basse et la queue entre les jambes. Quoique la chasse eût été renvoyée à un autre jour, le roi, comme pour protester contre la violence qui lui était faite, s'était vêtu en chasseur.

C'était une consolation qu'il s'était donnée et qu'apprécieront ceux-là seuls qui connaissent son fanatisme pour l'amusement dont on l'avait privé.

A sa vue, tout le monde se leva, même la reine.

Ferdinand la regarda de côté, secoua la tête et poussa un soupir, comme ferait un homme qui se trouve en face de la pierre d'achoppement de tous ses plaisirs.

Puis, après un salut général à droite et à gauche, en réponse aux révérences des ministres et des conseillers, et un salut personnel et particulier au cardinal Ruffo :

— Messieurs, dit-il d'une voix dolente, je suis véritablement au désespoir d'avoir été forcé de vous déranger un jour où vous comptiez peut-être, comme moi, au lieu de tenir un conseil d'État, vous occuper de vos plaisirs ou de vos affaires. Ce n'est point ma faute, je vous le jure, si vous éprouvez ce désappointement; mais il paraît que nous avons à débattre des choses pressées et de la plus haute importance, choses que la reine prétend ne pouvoir être débattues que par-devant moi. Sa Majesté va vous raconter l'affaire; vous en jugerez et m'éclairerez de vos avis. Asseyez-vous, messieurs.

Puis, s'asseyant à son tour un peu en arrière des autres et en face de la reine :

— Viens ici, mon pauvre Jupiter, ajouta-t-il en frappant sur sa cuisse avec sa main; nous allons bien nous amuser, va !

Le chien vint, en bâillant, se coucher près de lui,

allongeant ses pattes et se tenant accroupi à la manière des sphinx.

— Oh! messieurs, dit la reine avec cette impatience que lui inspiraient toujours les manières de faire et de dire de son mari, si complétement en opposition avec les siennes, la chose est bien simple, et, s'il était en humeur de parler aujourd'hui, le roi nous la dirait en deux mots.

Et, voyant que tout le monde écoutait avec la plus grande attention :

— L'ambassadeur français, le citoyen Garat, ajouta-t-elle, a quitté Naples cette nuit en nous déclarant la guerre.

— Et, fit le roi, il faut ajouter, messieurs, que nous ne l'avons pas volée, cette déclaration de guerre, et notre bonne amie l'Angleterre en est arrivée à ses fins; reste à voir maintenant comment elle nous soutiendra. Ceci, c'est l'affaire de M. Acton.

— Et du brave Nelson, monsieur, dit la reine. Au reste, il vient de montrer à Aboukir ce que peut le génie réuni au courage.

— N'importe, madame, dit le roi, je n'hésite pas à vous le dire franchement, la guerre avec la France est une lourde affaire.

— Moins lourde cependant, vous en conviendrez, reprit aigrement la reine, depuis que le citoyen Buo-

4.

naparte, tout vainqueur de Dego, de Montenotte, d'Arcole et de Mantoue qu'il s'intitule, est confiné en Égypte, où il restera jusqu'à ce que la France ait construit une nouvelle flotte pour l'aller chercher; ce qui lui laissera le temps, je l'espère, de voir pousser les raves dont le Directoire lui a fourni les graines pour ensemencer les rives du Nil.

— Oui, répliqua non moins aigrement le roi; mais, à défaut du citoyen Buonaparte,—qui est bien bon de ne s'intituler que le vainqueur de Dego, de Montenotte, d'Arcole et de Mantoue, quand il pourrait s'intituler encore celui de Roveredo, de Bassano, de Castiglione et de Millesimo,—il reste à la France Masséna, le vainqueur de Rivoli; Bernadotte, le vainqueur du Tagliamento; Augereau, le vainqueur de Lodi; Jourdan, le vainqueur de Fleurus; Brune, le vainqueur d'Alkmaer; Moreau, le vainqueur de Radstadt; ce qui fait bien des vainqueurs pour nous qui n'avons jamais rien vaincu; sans compter Championnet, le vainqueur des Dunes, que j'oubliais, lequel, je vous le ferai observer en passant, n'est qu'à trente lieues de nous, c'est-à-dire à trois jours de marche.

La reine haussa les épaules avec un sourire de mépris qui s'adressait à Championnet, dont elle connaissait l'impuissance momentanée, et que le roi prit pour lui.

— Si je me trompe de deux ou trois lieues, madame, dit-il, c'est tout. Depuis que les Français occupent Rome, j'ai demandé assez souvent à quelle distance ils étaient de nous pour le savoir.

— Oh! je ne conteste pas vos connaissances en géographie, monsieur, dit la reine en laissant retomber sa lèvre autrichienne jusque sur son menton.

— Non, je comprends, vous vous contentez de contester mes aptitudes politiques; mais, quoique San-Nicandro ait travaillé de son mieux à faire de moi un âne, et qu'à votre avis il y ait malheureusement réussi, je ferai observer à ces messieurs qui ont l'honneur d'être mes ministres que la chose se complique. En effet, il ne s'agit plus d'envoyer, comme en 1793, trois ou quatre vaisseaux et cinq ou six mille hommes à Toulon; et ils en sont revenus dans un bel état, de Toulon, nos vaisseaux et nos hommes! le citoyen Buonaparte, quoiqu'il ne fût encore le vainqueur de rien, les avait bien arrangés! Il ne s'agit plus de fournir à la coalition, comme en 1796, quatre régiments de cavalerie qui ont fait des prodiges de valeur dans le Tyrol, ce qui n'a pas empêché Cuto d'être fait prisonnier, et Moliterno d'y laisser le plus beau de ses yeux; et notez qu'en 93 et 96, nous étions couverts par toute la largeur de la haute Italie, occupée par les troupes de votre neveu, qui, soit dit sans reproche, ne me parait pas pressé d'entrer en campagne, quoique le citoyen Buonaparte lui ait diablement rogné les ongles par le traité de Campo-Formio. C'est que votre neveu François est un homme prudent; il ne lui suffit pas, pour se mettre en campagne, des 60,000 hommes que vous lui offrez, il attend encore les 50,000 que lui promet l'empereur de Russie; il connait les Français, il s'y est frotté et ils l'ont frotté.

Et Ferdinand, qui commençait à reprendre un peu de sa belle humeur, se mit à rire de l'espèce de jeu de mots qu'il venait de faire aux dépens de l'empereur d'Autriche, justifiant cette maxime à la fois si profonde et si désespérante de la Rochefoucauld, qu'il y a toujours dans le malheur d'un ami quelque chose qui nous fait plaisir.

— Je ferai observer au roi, répondit Caroline, blessée de ce mouvement d'hilarité qui se manifestait aux dépens de son neveu, que le gouvernement napolitain n'est pas libre, comme celui de l'empereur d'Autriche, de choisir son temps et son heure. Ce n'est pas nous qui déclarons la guerre à la France, c'est la France qui nous la déclare, et même qui nous l'a déclarée; il faut donc voir au plus tôt quels sont nos moyens de soutenir cette guerre.

— Certainement qu'il faut le voir, dit le roi.

Commençons par toi, Ariola. Voyons ! On parle de 65,000 hommes. Où sont-ils, tes 65,000 hommes ?

— Où ils sont, sire ?

— Oui, montre-les-moi.

— Rien de plus facile, et le capitaine général Acton est là pour dire à Votre Majesté si je mens.

Acton fit de la tête un signe affirmatif.

Ferdinand regarda Acton de travers. Il lui prenait parfois des caprices, non pas d'être jaloux, il était trop philosophe pour cela, mais d'être envieux. Aussi, le roi présent, Acton ne donnait-il signe d'existence que si Ferdinand lui adressait la parole.

— Le capitaine général Acton répondra pour lui, si je lui fais l'honneur de l'interroger, dit le roi ; en attendant, réponds pour toi, Ariola. Où sont tes 65,000 hommes ?

— Sire, 22,000 au camp de San-Germano.

Au fur et à mesure qu'Ariola énumérait, Ferdinand, avec un mouvement de tête, comptait sur ses doigts.

— Puis 16,000 dans les Abruzzes, continua Ariola, 8,000 dans la plaine de Sessa, 6,000 dans les murs de Gaëte, 10,000 tant à Naples que sur les côtes, enfin 3,000 tant à Bénévent qu'à Ponte-Corvo.

— Il a, ma foi, son compte, dit le roi finissant son

calcul en même temps qu'Ariola terminait son énumération, et j'ai une armée de 65,000 hommes.

— Et tous habillés à neuf, à l'autrichienne.

— C'est à dire en blanc?

— Oui, sire, au lieu d'être habillés en vert.

— Ah! mon cher Ariola, s'écria le roi avec une expression de grotesque mélancolie, vêtus de blanc, vêtus de vert, ils n'en ficheront pas moins le camp, va...

— Vous avez une triste idée de vos sujets, monsieur, répondit la reine.

— Triste idée, madame! Je les crois, au contraire, très-intelligents, mes sujets, trop intelligents même; et voilà pourquoi je doute qu'ils se fassent tuer pour des affaires qui ne les regardent pas. Ariola nous dit qu'il a 65,000 hommes; parmi ces 65,000 hommes, il y a 15,000 vieux soldats, c'est vrai; mais ces vieux soldats n'ont jamais brûlé une amorce ni entendu siffler une balle. Ceux-là, il est possible, ne se sauveront qu'au second coup de fusil; quant aux 50,000 autres, ils datent de six semaines ou d'un mois, et ces 50,000 hommes, comment ont-ils été recrutés? Ah! vous croyez, messieurs, que je ne fais attention à rien, parce que, la plupart du temps, pendant que vous discutez, je cause avec Jupiter, qui est un animal plein d'intelligence; mais, au contraire, je ne perds pas un mot de ce que vous dites ; seulement, je vous laisse faire ; si je vous contrariais, je serais forcé de vous prouver que je m'entends mieux que vous à gouverner, et cela ne m'amuse point assez pour que je risque de me brouiller avec la reine, que cela amuse beaucoup. Eh bien, ces hommes, vous ne les avez enrôlés ni en vertu d'une loi, ni à la suite d'un tirage au sort ; non, vous les avez enlevés de force à leurs villages, arrachés par violence à leurs familles, et cela selon le caprice de vos intendants et de vos sous-intendants. Chaque commune vous a fourni huit conscrits par mille hommes ; mais voulez-vous que je vous dise comment cela s'est fait ? On a d'abord désigné les plus riches ; mais les plus riches ont payé rançon et ne sont point partis. On en a désigné de moins riches alors ; mais, comme les seconds pouvaient encore payer, ils ne sont pas plus partis que le premiers. Enfin, de moins en moins riches, après avoir levé trois ou quatre contributions, dont on s'est bien gardé de te parler, mon pauvre Corradino, tout mon ministre des finances que tu es, on est arrivé à ceux qui n'avaient pas un grain pour se racheter. Ah ! ceux-là, il a bien fallu qu'ils partent. Chacun de ces hommes représente donc une injustice vivante, une flagrante exaction ; aucun motif légitime ne l'oblige au service, aucun lien moral ne le retient sous les drapeaux, il est enchaîné par la crainte du châtiment, voilà tout! Et vous voulez que ces gens-là se fassent tuer pour soutenir des ministres injustes, des intendants cupides, des sous-intendants voleurs, et, par-dessus tout cela, un roi qui chasse, qui pêche, qui s'amuse et qui ne s'occupe de ses sujets que pour passer avec sa meute sur leurs terres et dévaster leurs moissons! Ils seraient bien bêtes! Si j'étais soldat à mon service, dès le premier jour, j'aurais déserté, et je me serais fait brigand ; au moins, des brigands combattent et se font tuer pour eux-mêmes.

— Je suis forcé d'avouer qu'il y a beaucoup de vérité dans ce que vous dites là, sire, répondit le ministre de la guerre.

— Pardieu! reprit le roi, je dis toujours la vérité, quand je n'ai pas de raisons de mentir, bien entendu. Maintenant, voyons! Je t'accorde tes 65,000 hommes; les voilà rangés en bataille, vêtus à neuf, équipés à l'autrichienne, le fusil sur l'épaule, le sabre au côté, la giberne au derrière. Qui mets-tu à leur tête, Ariola? Est-ce toi?

— Sire, répondit Ariola, je ne puis être à la fois ministre de la guerre et général en chef.

— Et tu aimes mieux rester ministre de la guerre, je comprends cela.

— Sire !

— Je te dis que je comprends cela ; et d'un. Voyons, Pignatelli, cela te convient-il, de commander en chef les 65,000 hommes d'Ariola ?

— Sire, répondit celui auquel le roi s'adressait, j'avoue que je n'oserais prendre une telle responsabilité.

— Et de deux. Et toi, Colli ? continua le roi.

— Ni moi non plus, sire.

— Et toi, Parisi ?

— Sire, je suis simple brigadier.

— Oui ; vous voulez bien tous commander une brigade, une division même ; mais un plan de campagne à tracer, mais des combinaisons stratégiques à accomplir, mais un ennemi expérimenté à combattre et à vaincre, pas un de vous ne s'en chargera !

— Il est inutile que Votre-Majesté se préoccupe d'un général en chef, dit la reine : ce général en chef est trouvé.

— Bah ! dit Ferdinand ; pas dans mon royaume, j'espère ?

— Non, monsieur, soyez tranquille, répondit la reine. J'ai demandé à mon neveu un homme dont la réputation militaire puisse à la fois imposer à l'ennemi et satisfaire aux exigences de nos amis.

— Et vous le nommez ? demanda le roi.

— Le baron Charles Mack... Avez-vous quelque chose à dire contre lui?

— J'aurais à dire, répliqua le roi, qu'il s'est fait battre par les Français; mais, comme cette disgrâce est arrivée à tous les généraux de l'empereur, y compris son oncle et votre frère le prince Charles, j'aime autant Mack qu'un autre.

La reine se mordit les lèvres à cette implacable raillerie, qui poussait le cynisme jusqu'à se railler soi-même à défaut des autres, et, se levant :

— Ainsi, vous acceptez le baron Charles Mack pour général en chef de votre armée? demanda-t-elle.

— Parfaitement, répondit le roi.

— En ce cas, vous permettez...

Et elle s'avança vers la porte; le roi la suivait des yeux, ne pouvant pas deviner ce qu'elle allait faire, quand tout à coup un cor de chasse, embouché par deux lèvres puissantes et animé par une vigoureuse haleine, commença de sonner *le lancer* dans la cour du palais, sur laquelle donnaient les fenêtres de la chambre du conseil, et cela avec une telle vigueur, que les vitres en tremblèrent et que ministres et conseillers, ne comprenant rien à cette fanfare inattendue, se regardèrent avec étonnement.

Puis tous les yeux se reportèrent sur le roi, comme

pour lui demander l'explication de cette interruption cynégétique.

Mais le roi paraissait aussi étonné que les autres et Jupiter aussi étonné que le roi.

Ferdinand écouta un instant comme s'il doutait de lui-même.

Puis :

— Que fait donc ce drôle? dit-il. Il doit savoir cependant que la chasse est contremandée; pourquoi donne-t-il le premier signal?

Le piqueur continuait de sonner avec fureur.

Le roi se leva très-agité; il était visible qu'il se livrait en lui-même un combat violent.

Il alla à la fenêtre et l'ouvrit.

— Veux-tu te taire, imbécile! cria-t-il.

Puis, refermant la fenêtre avec humeur, il revint, toujours suivi de Jupiter, reprendre sa place sur son fauteuil.

Mais, pendant le mouvement qu'il avait fait, un nouveau personnage était entré en scène sous la protection de la reine ; celle-ci, en effet, pendant que le roi parlait à son piqueur, était allée ouvrir la porte de ses appartements qui donnait sur la salle du conseil, et l'avait introduit.

Chacun regardait avec surprise cet inconnu, et le roi avec non moins de surprise que les autres.

XXIII

LE GÉNÉRAL BARON CHARLES MACK

Celui qui causait cet étonnement général était un homme de quarante-cinq à quarante-six ans, grand, blond, pâle, portant l'uniforme autrichien, les insignes de général, et, entre autres décorations, les plaques et les cordons de Marie-Thérèse et de Saint-Janvier.

— Sire, dit la reine, j'ai l'honneur de présenter à Votre Majesté le baron Charles Mack, qu'elle vient de nommer général en chef de ses armées.

— Ah! général, dit le roi en regardant avec un certain étonnement l'ordre de Saint-Janvier, dont le général était décoré et que le roi ne se rappelait pas lui avoir donné, enchanté de faire votre connaissance.

Et il échangea avec Ruffo un coup d'œil qui voulait dire : « Attention! »

Mack s'inclina profondément, et sans doute allait-il répondre à ce compliment du roi, lorsque la reine, prenant la parole :

— Sire, dit-elle, j'ai cru que nous ne devions pas attendre l'arrivée du baron à Naples pour lui donner un signe de la considération que vous avez pour lui, et, avant qu'il quittât Vienne, je lui ai fait remettre, par votre ambassadeur, les insignes de votre ordre de Saint-Janvier.

— Et moi, sire, dit le baron avec un enthousiasme un peu trop théâtral pour être vrai, plein de reconnaissance pour les bontés de Votre Majesté, je suis venu avec la promptitude de l'éclair lui dire : Sire, cette épée est à vous.

Mack tira son épée du fourreau, le roi recula son fauteuil. Comme Jacques Ier, il n'aimait pas la vue du fer.

Mack continua :

— Cette épée est à vous et à Sa Majesté la reine, et elle ne dormira tranquille dans son fourreau que quand elle aura renversé cette infâme république française, qui est la négation de l'humanité et la honte de l'Europe. Acceptez-vous mon serment, sire ? continua Mack en brandissant formidablement son épée.

Ferdinand, peu porté de sa personne aux mouvements dramatiques, ne put s'empêcher, avec son admirable bon sens, d'apprécier tout ce que l'action du général Mack avait de ridicule forfanterie, et, avec son sourire narquois, il murmura dans son patois napolitain, qu'il savait inintelligible pour tout homme qui n'était pas né au pied du Vésuve, ce seul mot :

— *Ceuza!*

Nous voudrions bien traduire cette espèce d'interjection échappée aux lèvres du roi Ferdinand; mais elle n'a malheureusement pas d'équivalent dans la langue française. Contentons-nous de dire qu'elle tient à peu près le milieu entre fat et imbécile.

Mack, qui, en effet, n'avait pas compris et qui attendait, l'épée à la main, que le roi acceptât son serment, se retourna assez embarrassé vers la reine.

— Je crois, dit Mack à la reine, que Sa Majesté m'a fait l'honneur de m'adresser la parole.

— Sa Majesté, répondit la reine sans se déconcerter, vous a, général, par un seul mot plein d'expression, témoigné sa reconnaissance.

Mack s'inclina, et, tandis que la figure du roi conservait son expression de railleuse bonhomie, remit majestueusement son épée au fourreau.

— Et maintenant, dit le roi lancé sur cette pente moqueuse qu'il aimait tant à suivre, j'espère que mon cher neveu, en m'envoyant un de ses meilleurs généraux pour renverser cette infâme république française, m'a en même temps envoyé un plan de campagne arrêté par le conseil aulique.

Cette demande, faite avec une naïveté parfaitement jouée, était une nouvelle raillerie du roi, le conseil aulique ayant élaboré les plans de la campagne de 96 et de 97, plans sur lesquels les généraux autrichiens et l'archiduc Charles lui-même avaient été battus.

— Non, sire, répondit Mack, j'ai demandé à Sa Majesté l'empereur, mon auguste maître, carte blanche à ce sujet.

— Et il vous l'a accordée, je l'espère? demanda le roi.

— Oui, sire, il m'a fait cette grâce.

— Et vous allez vous en occuper sans retard, n'est-ce pas, mon cher général? car j'avoue que j'en attends avec impatience la communication.

— C'est chose faite, répondit Mack avec l'accent d'un homme parfaitement satisfait de lui-même.

— Ah! dit Ferdinand redevenant de bonne humeur, selon sa coutume, quand il trouvait quelqu'un à railler, vous l'entendez, messieurs. Avant même que le citoyen Garat nous eût déclaré la guerre au nom de l'infâme république française, l'infâme république française, grâce au génie de notre général en chef, était déjà battue. Nous sommes véritablement sous la protection de Dieu et de saint Janvier. Merci, mon cher général, merci.

Mack, tout gonflé du compliment qu'il prenait à la lettre, s'inclina devant le roi.

— Quel malheur, s'écria celui-ci, que nous n'ayons point là une carte de nos États et des États romains, pour suivre les opérations du général sur cette carte. On dit que le citoyen Buonaparte a, dans son cabinet de la rue Chantereine, à Paris, une grande carte sur laquelle il désigne d'avance à ses secrétaires et à ses aides de camp les points sur lesquels il battra les généraux autrichiens; le baron nous eût désigné d'avance ceux sur lesquels il battra les généraux français. Tu feras faire pour le ministère de la guerre, et tu mettras à la disposition du baron Mack, une carte pareille à celle du citoyen Buonaparte, tu entends, Ariola ?

— Inutile de prendre cette peine, sire, j'en ai une excellente.

— Aussi bonne que celle du citoyen Buonaparte ? demanda le roi.

— Je le crois, répondit Mack d'un air satisfait.

— Où est-elle, général ? reprit le roi, où est-elle ? Je meurs d'envie de voir une carte sur laquelle on bat l'ennemi d'avance.

Mack donna à un huissier l'ordre de lui apporter

son portefeuille, qu'il avait laissé dans la chambre voisine.

La reine, qui connaissait son auguste époux et qui n'était point dupe des compliments affectés qu'il faisait à son protégé, craignant que celui-ci ne s'aperçût qu'il servait de quintaine à l'humeur caustique du roi, objecta que ce n'était peut-être pas le moment de s'occuper de ce détail; mais Mack, ne voulant point perdre l'occasion de faire admirer par trois ou quatre généraux présents sa science stratégique, s'inclina en manière de respectueuse insistance, et la reine céda.

L'huissier apporta un grand portefeuille sur lequel étaient imprimés en or, d'un côté les armes de l'Autriche, et de l'autre côté le nom et les titres du général Mack.

Celui-ci en tira une grande carte des États romains avec leurs frontières, et l'étendit sur la table du conseil.

— Attention, mon ministre de la guerre! attention, messieurs mes généraux! dit le roi. Ne perdons pas un mot de ce que va nous dire le baron. Parlez, baron; on vous écoute.

Les officiers se rapprochèrent de la table avec une vive curiosité; le baron Mack possédait, on ne savait pourquoi à cette époque, et on ne l'a même jamais su depuis, la réputation de l'un des premiers stratégistes du monde.

La reine, au contraire, ne voulant point avoir part à ce quelle regardait comme une mystification de la part du roi, se retira un peu à l'écart.

— Comment! madame, dit le roi, au moment où le baron consent à nous dire où il battra ces républicains que vous détestez tant, vous vous éloignez!

— Je n'entends rien à la stratégie, monsieur, répondit aigrement la reine; et peut-être, continua-t-elle en désignant de la main le cardinal Ruffo, prendrais-je la place de quelqu'un qui s'y entend.

Et, s'approchant d'une fenêtre, elle battit de ses doigts contre les carreaux.

Au même instant, comme si c'eût été un signal donné, une seconde fanfare retentit; seulement, au lieu de sonner le *lancer*, comme la première, elle sonnait la *vue*.

Le roi s'arrêta comme si ses pieds eussent pris tout à coup racine dans la mosaïque qui formait le parquet de la chambre; sa figure se décomposa, une expression de colère prit la place du vernis de bonhomie railleuse répandue sur elle.

— Ah çà! mais, décidément, dit-il, ou ils sont idiots, ou ils ont juré de me rendre fou. Il s'agit bien de courre le cerf ou le sanglier; nous chassons le républicain.

Puis, s'élançant pour la seconde fois vers la fenêtre, qu'il ouvrit avec plus de violence encore que la première :

— Mais te tairas-tu, double brute! cria-t-il; je ne sais à quoi tient que je ne descende et que je ne t'étrangle de mes propres mains.

— Oh! sire, dit Mack, ce serait, en vérité, trop d'honneur pour ce manant.

— Vous croyez, baron? dit le roi reprenant sa bonne humeur. Laissons-le donc vivre et ne nous occupons que d'exterminer les Français. Voyons votre plan, général, voyons-le.

Et il referma la fenêtre avec plus de calme qu'on ne pouvait l'espérer de l'état d'exaspération où l'avait mis le son du cor, et dont heureusement l'avait, comme par miracle, tiré la flatterie banale du général Mack.

— Voyez, messieurs, dit Mack du ton d'un professeur qui enseigne à ses élèves. nos 60,000 hommes sont divisés en quatre ou cinq points sur cette ligne qui s'étend de Gaete à Aquila.

— Vous savez que nous en avons 65,000, dit le roi; ainsi ne vous en gênez pas.

— Je n'en ai besoin que de 60 000 sire dit Mack;

mes calculs sont établis sur ce chiffre, et Votre Majesté aurait 100,000 hommes, que je ne lui prendrais pas un tambour de plus; d'ailleurs, j'ai les renseignements les plus exacts sur le nombre des Français, ils ont à peine 10,000 hommes.

— Alors, dit le roi, nous serons six contre un, voilà qui me rassure tout à fait. Dans la campagne de 96 et de 97, les soldats de mon neveu n'étaient que deux contre un, quand ils ont été battus par le citoyen Buonaparte.

— Je n'étais point là, sire, répondit Mack avec le sourire de la suffisance.

— C'est vrai, répondit le roi avec une parfaite simplicité; il n'y avait là que Beaulieu, Wurmser, Alvinzi et le prince Charles.

— Sire, sire ! murmura la reine en tirant Ferdinand par la basque de sa veste de chasse.

— Bon! ne craignez rien, dit le roi, je sais à qui j'ai affaire et puis je ne le gratterai que tant qu'il me tendra la tête.

— Je disais donc, reprit Mack, que le gros de nos troupes vingt mille hommes à peu près, est à San-Germano, et que les quarante mille autres sont campés sur le Tronto, à Sessa, à Tagliacozzo et à Aquila. Dix mille hommes traversent le Tronto et chassent la garnison française d'Ascoli, dont ils s'emparent, et s'avancent sur Fermo par la voie Émilienne. Quatre mille hommes sortent d'Aquila, occupent Rieti et se dirigent sur Terni ; cinq ou six mille descendent de Tagliacozzo à Tivoli pour faire des courses dans la Sabine ; huit mille autres partent du camp de Sessa et pénètrent dans les États romains par la voie Appienne ; six mille autres enfin s'embarquent, font voile pour Livourne et coupent la retraite aux Français, qui se retirent par Perugia.

— Qui se retirent par Perugia... Le général Mack ne nous dit pas précisément, comme le citoyen Buonaparte, où il battra l'ennemi ; mais il nous dit par où il se retire.

— Eh bien, si fait, dit Mack triomphant, je vous dis où je bats l'ennemi.

— Ah ! voyons cela, dit le roi, qui paraissait prendre presque autant de plaisir à la guerre qu'il en eût pris à la chasse.

— Avec Votre Majesté et vingt ou vingt-cinq mille hommes, je pars de San-Germano.

— Vous partez de San-Germano avec moi.

— Je marche sur Rome.

— Avec moi toujours.

— Je débouche par les routes de Ceperano et de Frosinone.

— Mauvaises routes, général! je les connais, j'y ai versé.

— L'ennemi abandonne Rome.

— Vous en êtes sûr?

— Rome n'est point une place qui puisse être défendue.

— Et, quand l'ennemi a abandonné Rome, que fait-il?

— Il se retire sur Civita-Castellana, qui est une position formidable.

— Ah! ah! Et vous l'y laissez, bien entendu?

— Non pas; je l'attaque et je le bats.

— Très-bien. Mais si, par hasard, vous ne le battiez pas?

— Sire, dit Mack en mettant la main sur sa poitrine et en s'inclinant devant le roi, quand j'ai l'honneur de dire à Votre Majesté que je le battrai, c'est comme s'il était battu.

— Alors, tout va bien! dit le roi.

— Sa Majesté a-t-elle quelques objections à faire sur le plan que je lui ai exposé?

— Non; il n'y a absolument qu'un point sur lequel il s'agirait de nous mettre d'accord.

— Lequel, sire?

— Vous dites, dans votre plan de campagne, que vous partez de San-Germano avec moi?

— Oui, sire.

— J'en suis donc, moi, de la guerre ?

— Sans doute.

— C'est que vous m'en donnez la première nouvelle. Et quel grade m'offrez-vous dans mon armée ? Ce n'est point indiscret, n'est-ce pas, de vous demander cela ?

— Le suprême commandement, sire ; je serai heureux et fier d'obéir aux ordres de Votre Majesté.

— Le suprême commandement !... Hum !

— Votre Majesté refuserait-elle ?... On m'avait fait espérer cependant...

— Qui cela ?

Sa Majesté la reine.

— Sa Majesté la reine est bien bonne ; mais Sa Majesté la reine, dans la trop haute opinion qu'elle a toujours eue de moi et qui se manifeste en cette occasion, oublie que je ne suis pas un homme de guerre. A moi le suprême commandement ? continua le roi. Est-ce que San-Nicandro m'a élevé à être un Alexandre ou un Annibal ? est-ce que j'ai été à l'École de Brienne comme le citoyen Buonaparte ? est-ce que j'ai lu Polybe ? est-ce que j'ai lu les *Commentaires* de César ? est-ce que j'ai lu le chevalier Folard, Montecuculli, le maréchal de Saxe, comme votre frère le prince Charles ? est-ce que j'ai lu tout ce qu'il faut lire, enfin, pour être battu dans les règles? est-ce que j'ai jamais commandé autre chose que mes Lipariotes?

— Sire, répondit Mack, un descendant de Henri IV et un petit-fils de Louis XIV sait tout cela sans l'avoir appris.

— Mon cher général, dit le roi, allez conter ces bourdes à un sot, mais pas à moi qui ne suis qu'une bête.

— Oh! sire! s'écria Mack étonné d'entendre un roi dire si franchement son opinion sur lui-même.

Mack attendit, Ferdinand se grattait l'oreille.

— Et puis? demanda Mack voyant que ce que le roi avait à dire ne venait pas tout seul.

Ferdinand parut se décider.

— Une des premières qualités d'un général est d'être brave, n'est-ce pas?

— Incontestablement.

— Alors, vous êtes brave, vous?

— Sire!

— Vous êtes sûr d'être brave, n'est-ce pas?

— Oh!

— Eh bien, moi, je ne suis pas sûr de l'être.

La reine rougit jusqu'aux oreilles; Mack regarda le roi avec étonnement. Les ministres et les conseillers, qui connaissaient le cynisme du roi, sourirent;

rien ne les étonnait, venant de cette étrange individualité nommée Ferdinand.

— Après cela, continua le roi, peut-être que je me trompe et que je suis brave sans m'en douter ; nous verrons bien.

Se retournant alors vers ses conseillers, ses ministres et ses généraux :

— Messieurs, dit-il, vous avez entendu le plan de campagne du baron ?

Tous firent signe que oui.

— Et tu l'approuves, Ariola ?

— Oui, sire, répondit le ministre de la guerre.

— Tu l'approuves, Pignatelli ?

— Oui, sire.

— Et toi, Colli ?

— Oui, sire.

— Et toi, Parisi ?

— Oui, sire.

Enfin, se tournant vers le cardinal, qui se tenait un peu à l'écart comme il avait fait tout le reste de la séance.

— Et vous, Ruffo ? demanda-t-il.

Le cardinal garda le silence.

Mack avait salué chacune de ces approbations d'un sourire ; il regarda avec étonnement cet homme d'Église qui ne se hâtait point d'approuver comme les autres.

— Peut-être, dit la reine, M. le cardinal en avait-il préparé un meilleur?

— Non, Votre Majesté, répondit le cardinal sans se déconcerter; car j'ignorais que la guerre fût si instante, et personne ne m'avait fait l'honneur de me demander mon avis.

— Si Votre Éminence, dit Mack d'une voix railleuse, a quelques observations à faire, je suis prêt à les écouter.

— Je n'eusse point osé exprimer mon opinion sans la permission de Votre Excellence, répondit Ruffo avec une extrême courtoisie; mais, puisque Votre Excellence m'y autorise...

— Oh! faites, faites, Éminence, dit Mack en riant.

— Si j'ai bien compris les combinaisons de Votre Excellence, dit Ruffo, voici le but qu'elle se propose dans le plan de campagne qu'elle nous a fait l'honneur d'exposer devant nous...

— Voyons mon but, dit Mack croyant avoir trouvé à son tour quelqu'un à goguenarder.

— Oui, voyons cela, dit Ferdinand, qui donnait d'avance la victoire au cardinal, par la seule raison que la reine le détestait.

La reine frappa du pied avec impatience; le cardinal vit le mouvement, mais ne s'en préoccupa point; il connaissait les mauvais sentiments de la reine à son égard, et ne s'en inquiétait que médiocrement; il continua donc avec une parfaite tranquillité :

— Votre Excellence, en étendant sa ligne, espère, grâce à sa grande supériorité numérique, dépasser les extrémités de la ligne française, l'envelopper, pousser des corps les uns sur les autres, jeter parmi eux la confusion, et, comme la retraite leur sera coupée par la Toscane, les détruire ou les faire prisonniers.

— Je vous eusse expliqué ma pensée, que vous ne l'eussiez pas mieux comprise, monsieur, dit Mack ravi. Je les ferai prisonniers depuis le premier jusqu'au dernier, et pas un Français ne retournera en France pour donner des nouvelles de ses compagnons, aussi vrai que je m'appelle le baron Charles Mack. Avez-vous quelque chose de mieux à proposer ?

— Si j'eusse été consulté, répondit le cardinal, j'eusse du moins proposé autre chose.

— Et qu'eussiez-vous proposé ?

— J'eusse proposé de diviser l'armée napolitaine en trois corps seulement; j'eusse concentré 25 ou 30,000 hommes entre Cieti et Terni; j'eusse envoyé 12,000 hommes sur la voir Émilienne pour combattre l'aile gauche des Français, 10,000 dans les marais Pontius pour écraser leur aile droite; enfin, j'en eusse envoyé 8,000 en Toscane; j'aurais, par un effort suprême, dans lequel j'eusse mis toute l'énergie dont je me sens capable, tenté d'enfoncer le centre ennemi, de prendre en flanc ses deux ailes, et de les empêcher de se porter mutuellement secours; pendant ce temps, la légion toscane, recrutée de tout ce que le pays eût pu fournir, eût couru la contrée pour se rapprocher de nous et nous aider selon les circonstances. Cela eût permis à l'armée napolitaine, jeune et inexpérimentée, d'agir par masses, ce qui lui eût donné confiance en elle-même. Voilà, dit Ruffo, ce que j'eusse proposé; mais je ne suis qu'un pauvre homme d'Église, et je m'incline devant l'expérience et le génie du général Mack.

Et, ce disant, le cardinal, qui s'était approché de la table pour indiquer sur la carte les mouvements qu'il eût exécutés, fit un pas en arrière en signe qu'il abandonnait la discussion.

Les généraux se regardèrent avec surprise; il était évident que Ruffo venait de donner un excellent avis. Mack, en éparpillant trop l'armée napolitaine e la divisant en trop petits corps, exposait ces corps être battus séparément, fût-ce par des ennemis peu nombreux. Ruffo, au contraire, présentait un plan complétement à l'abri de ce danger.

Mack se mordit les lèvres; il sentait combien le plan qui venait d'être développé était supérieur au sien.

— Monsieur, dit Mack, le roi est libre encore de choisir entre vous et moi, entre votre plan et le mien; peut-être, en effet, ajouta-t-il en riant, mais du bout des lèvres, pour faire une guerre que l'on peut appeler la guerre sainte, mieux vaudrait Pierre l'Ermite que Godefroy de Bouillon.

Le roi ne savait pas précisément ce que c'était que Pierre l'Ermite et Godefroy de Bouillon; mais, tout en raillant Mack personnellement, il ne voulait pas le mécontenter.

— Que dites-vous là, mon cher général! s'écria-t-il; je trouve, pour mon compte, votre plan excellent, et vous avez vu que c'était l'avis de ces messieurs, puisque tous l'ont approuvé. Je l'approuve donc de bout en bout et je n'y veux pas changer une étape seulement. Voilà que nous avons l'armée. Bien. Voilà que nous avons le général en chef. Bien, très-bien. Il ne nous manque plus que l'argent. Voyons, Corradino, continua le roi en s'adressant au ministre des finances. Ariola nous a fait voir ses hommes, montre-nous tes écus.

— Eh! sire, répondit celui que le roi interpellait ainsi à brûle-pourpoint, Votre Majesté sait bien que les dépenses que l'on vient de faire pour équiper et habiller l'armée, ont complétement vidé les caisses de l'État.

— Mauvaise nouvelle, Corradino, mauvaise nouvelle ; j'ai toujours entendu dire que l'argent était le nerf de la guerre. Vous entendez, madame ? pas d'argent !

— Sire, répondit la reine, l'argent ne vous manquera pas plus que ne vous ont manqué l'armée et le général en chef, et nous avons, en attendant mieux, un million de livres sterling à votre disposition.

— Bon ! dit le roi ; et quel est l'alchimiste qui a ainsi l'heureuse faculté de faire de l'or ?

— Je vais avoir l'honneur de vous le présenter, sire, dit la reine en allant à la porte par laquelle elle avait déjà introduit le général Mack.

Puis, s'adressant à une personne encore invisible :

— Votre Grâce, dit-elle, veut-elle avoir la bonté de confirmer au roi ce que je viens d'avoir l'honneur de lui annoncer, c'est-à-dire que, pour faire la guerre aux jacobins, l'argent ne lui manquera pas ?

Tous les yeux se portèrent vers la porte, et Nelson apparut radieux sur le seuil, tandis que, derrière lui, pareille à un ombre élyséenne, s'effaçait la forme légère d'Emma Lyonna, laquelle venait d'acheter par un premier baiser le dévouement de Nelson et les subsides de l'Angleterre.

XXIV

L'ILE DE MALTE.

L'apparition de Nelson en un pareil moment était significative : c'était le mauvais génie de la France en personne qui venait s'asseoir au conseil de Naples et soutenir de la toute-puissance de son or les mensonges et la trahison de Caroline.

Tout le monde connaissait Nelson, excepté le général Mack, arrivé dans la nuit, comme nous l'avons dit; la reine alla à lui, et, lui prenant la main, et conduisant le futur vainqueur de Civita-Castellana au vainqueur d'Aboukir :

— Je présente, dit-elle, le héros de la terre au héros de la mer.

Nelson parut peu flatté du compliment; mais il était de trop bonne humeur en ce moment pour se blesser d'un parallèle, quoique ce parallèle fût tout à l'avantage de son rival; il salua courtoisement Mack, et, se tournant vers le roi :

— Sire, dit-il, je suis heureux de pouvoir annoncer à Votre Majesté et à ses ministres que je suis porteur des pleins pouvoirs de mon gouvernement pour traiter avec elle au nom de l'Angleterre toute question relative à la guerre avec la France.

Le roi se sentit pris ; Caroline l'avait, pendant son sommeil, garrotté comme Gulliver à Lilliput ; il lui fallait faire contre mauvaise fortune bon cœur ; seulement, il essaya de se cramponner à la dernière objection qui se présentait à son esprit.

— Votre Grâce a entendu, dit-il, ce dont il est question, et notre ministre des finances, sachant que nous sommes entre amis et que l'on n'a pas de secrets pour ses amis, nous a avoué franchement qu'il n'y avait plus d'argent dans les caisses ; alors, je faisais cette objection que, sans argent, il n'y avait pas de guerre possible.

— Et Votre Majesté faisait, comme toujours, preuve d'une profonde sagesse, répondit Nelson ; mais voici, par bonheur, des pouvoirs de M. Pitt qui me mettent à même de remédier à cette pénurie.

Et Nelson posa sur la table du conseil un pouvoir conçu en ces termes :

« A son arrivée à Naples, lord Nelson, baron du Nil, est autorisé à s'entendre avec sir William Hamilton, notre ambassadeur près la cour des Deux-

Siciles, pour soutenir notre auguste allié le roi de Naples dans toutes les nécessités où pourrait l'entraîner une guerre contre la république française.

» W. PITT.

» Londres, 7 septembre 1798. »

Acton traduisit les quelques lignes de Pitt au roi, qui appela près de lui le cardinal, comme un renfort contre le nouvel allié de la reine qui venait d'apparaître.

— Et Votre Seigneurie, dit Ferdinand, peut, à ce que disait la reine, mettre à notre disposition... ?

— Un million de livres sterling, dit Nelson.

Le roi se tourna vers Ruffo comme pour lui demander ce que faisait un million de livres sterling.

Ruffo devina la question.

— Cinq millions et demi de ducats, à peu près, répondit-il.

— Hum ! fit le roi.

— Cette somme, dit Nelson, n'est qu'un premier subside destiné à faire face aux nécessités du moment.

— Mais, avant que vous ayez avisé votre gouvernement de nous expédier cette somme, avant que votre gouvernement nous l'expédie, avant, enfin, qu'elle soit arrivée à Naples, un assez long temps peut s'écouler. Nous sommes dans l'équinoxe d'hiver, et ce n'est pas trop de calculer un mois ou six semaines pour l'aller et le retour d'un bâtiment; pendant ces six semaines ou ce mois, les Français auront tout le temps d'être à Naples !

Nelson allait répondre, la reine lui coupa la parole.

— Votre Majesté peut se tranquilliser sur ce point, dit-elle : les Français ne sont point en mesure de lui faire la guerre.

— En attendant, répliqua Ferdinand, ils nous l'ont déclarée.

— Qui nous l'a déclarée ?

— L'ambassadeur de la République. Pardieu! on dirait que je vous apprends une nouvelle.

La reine sourit dédaigneusement.

— Le citoyen Garat s'est trop pressé, dit-elle; il eût attendu encore quelque temps, ou n'eût point fait sa déclaration de guerre, s'il eût connu la situation du général Championnet à Rome.

Et vous connaissez mieux cette situation que ne la connaissait l'ambassadeur lui-même, n'est-ce pas, madame?

— Je le crois.

— Vous avez des correspondances à l'état-major du général républicain ?

— Je ne me fierais pas à des correspondances avec des étrangers, sire.

— Alors, vous tenez vos renseignements du général Championnet lui-même ?

— Justement! et voici la lettre que l'ambassadeur de la République eût reçue ce matin, s'il ne se fût point tant pressé de partir hier au soir.

Et la reine tira de son enveloppe la lettre que le sbire Pasquale de Simone avait enlevée la veille à Salvato Palmieri et lui avait remise dans la chambre obscure ; puis elle la passa au roi.

Le roi y jeta les yeux.

— Cette lettre est en français, dit-il du ton dont il eût dit : « Cette lettre est en hébreu. »

Puis, la passant à Ruffo, comme s'il se fiait à lui seul :

— Monsieur le cardinal, dit-il, traduisez-nous cette lettre en italien.

Ruffo prit la lettre, et, au milieu du plus profond silence, lut ce qui suit :

« Citoyen ambassadeur,

» Arrivé à Rome depuis quelques jours seulement, je crois qu'il est de mon devoir de porter à votre connaissance l'état dans lequel se trouve l'armée que je suis appelé à commander, afin que, sur les notes précises que je vais vous donner, vous puissiez régler la conduite que vous avez à tenir vis-à-vis d'une cour perfide qui, poussée par l'Angleterre, notre éternelle ennemie, n'attend que le moment favorable pour nous déclarer la guerre... »

A ces derniers mots, la reine et Nelson se regardèrent en souriant. Nelson n'entendait ni le français ni l'italien; mais probablement une traduction anglaise de cette lettre lui avait été faite à l'avance.

Ruffo continua, ce signe n'ayant point interrompu la lecture.

« D'abord, cette armée, qui se monte au chiffre de 35,000 hommes sur le papier, n'est, en réalité, que de 8,000 hommes, lesquels manquent de chaussures, de vêtements, de pain, et, depuis trois mois, n'ont pas reçu un sou de solde. Ces 8,000 hommes n'ont que 180,000 cartouches à se distribuer, ce qui nous fait quinze coups à tirer par homme; aucune place n'est approvisionnée même en poudre, et l'on en a manqué à Civita-Vecchia pour tirer sur un vaisseau barbaresque qui est venu observer la côte... »

— Vous entendez, sire, dit la reine.

— Oui, j'entends, dit le roi. Continuez, monsieur le cardinal.

Le cardinal reprit :

« Nous n'avons que cinq pièces de canon et un parc de quatre bouches à feu ; notre manque de fusils est tel, que je n'ai pu armer deux bataillons de volontaires que je comptais employer contre les insurgés qui nous enveloppent de tous côtés... »

La reine échangea un nouveau signe avec Mack et Nelson.

« Nos forteresses ne sont pas en meilleur état que nos arsenaux ; dans aucune d'elles les boulets et les canons ne sont du même calibre ; dans quelques-unes, il y a des canons et pas de boulets ; dans d'autres, des boulets et pas de canons. Cet état désastreux m'explique les instructions du Directoire que je vous transmets afin que vous vous y conformiez.

» Repousser par les armes toute agression hostile dirigée contre la république romaine et porter la guerre sur le territoire napolitain, mais dans le cas seulement où le roi de Naples exécuterait ses projets d'invasion depuis si longtemps annoncés... »

— Vous entendez, sire, dit la reine. Avec 8,000 hommes, cinq pièces de canon et 180,000 cartouches, je crois que nous n'avons pas grand'chose à craindre de cette guerre.

— Continuez, éminentissime, dit le roi se frottant les mains.

— Oui, continuez, dit la reine, et vous verrez ce

6.

que le général français pense lui-même de sa position.

« Or, continua le cardinal, avec les moyens qui sont à ma disposition, citoyen ambassadeur, vous comprenez facilement que *je ne pourrais pas repousser une agression hostile*, à plus forte raison, *porter la guerre sur le territoire napolitain...* »

— Cela vous rassure-t-il, monsieur? demanda la reine.

— Hum! fit le roi ; voyons jusqu'au bout.

« Je ne puis donc trop vous recommander, citoyen ambassadeur, de maintenir, autant que le permettra la dignité de la France, la bonne harmonie entre la République et la cour des Deux-Siciles, et de calmer par tous les moyens possibles l'impatience des patriotes napolitains; tout mouvement qui se produirait avant trois mois, c'est-à-dire avant le temps qui m'est nécessaire pour organiser l'armée serait prématuré et avorterait infailliblement.

» Mon aide de camp, homme sûr, d'un courage éprouvé, et qui, né dans les États du roi de Naples, parle non-seulement l'italien, mais encore le patois napolitain, est chargé de vous remettre cette lettre et de s'aboucher avec les chefs du parti républicain à Naples. Renvoyez-le-moi le plus vite possible avec une réponse détaillée qui m'expose exactement votre situation vis-à-vis de la cour des Deux-Siciles.

» Fraternité.

» CHAMPIONNET.

» 18 septembre 1798. »

— Eh bien, monsieur, dit la reine, si vous n'êtes rassuré qu'à moitié, voilà qui doit vous rassurer tout à fait.

— Sur un point, oui, madame ; mais sur un autre, non.

— Ah! je comprends. Vous voulez parler du parti républicain, auquel vous avez eu tant de peine à croire. Eh bien, Votre Majesté le voit, ce n'est pas tout à fait un fantôme; il existe, puisqu'il faut le calmer et que ce sont les jacobins eux-mêmes qui en donnent le conseil.

— Mais comment diable avez-vous pu vous procurer cette lettre? demanda le roi en la prenant des mains du cardinal et en l'examinant avec curiosité.

— Ceci, c'est mon secret, monsieur, répondit la reine, et vous me permettrez de le garder; mais j'ai, je crois, coupé la parole à Sa Seigneurie lord Nelson au moment où il allait répondre à une question que vous veniez de lui faire.

— Je disais qu'en septembre et en octobre, la mer

est mauvaise, et qu'il nous faudrait peut-être un mois ou six semaines pour recevoir d'Angleterre cet argent dont nous avons besoin le plus tôt possible.

La demande du roi fut transmise à Nelson.

— Sire, répondit-il, le cas est prévu et vos banquiers, MM. Baker père et fils, vous escompteront, avec l'aide de leurs correspondants de Messine, de Rome et de Livourne, une lettre de change d'un million de livres que leur fera sir William Hamilton et que j'endosserai. Votre Majesté aura seulement besoin, vu le chiffre assez élevé de la somme, de les prévenir à l'avance.

— C'est bien, c'est bien, dit le roi; faites faire la lettre de change à sir William, endossez-la, remettez-la-moi, et je m'entendrai de cela avec les Baker.

Ruffo souffla quelques mots à l'oreille du roi.

Ferdinand fit un signe de tête.

— Mais ma bonne alliée l'Angleterre, dit-il, si amie qu'elle soit du royaume des Deux-Siciles, ne donne pas son argent pour rien, je la connais. Que demande-t-elle, en échange de son million de livres sterling?

— Une chose bien simple, et qui ne porte aucun préjudice à Votre Majesté.

— Laquelle, enfin?

— Elle demande que, quand la flotte de Sa Majesté Britannique, qui est en train de bloquer Malte, l'aura reprise aux Français, Votre Majesté renonce à faire valoir ses droits sur cette île, afin que Sa Majesté Britannique, qui n'a point de possession dans la Méditerranée autre que Gibraltar, puisse faire de Malte un point de station et d'approvisionnement pour les vaisseaux anglais.

— Bon! la cession sera facile de ma part; Malte ne m'appartient pas, elle appartient à l'Ordre.

— Oui, sire; mais, Malte reprise, l'Ordre sera dissous, fit observer Nelson.

— Et, l'Ordre dissous, se hâta de dire Ruffo, Malte fait retour à la couronne des Deux-Siciles, ayant été donné par l'empereur Charles-Quint, comme héritier du royaume d'Aragon, aux chevaliers hospitaliers qui venaient d'être chassés de Rhodes, en 1535, par Soliman II; or, si avec le besoin qu'a l'Angleterre d'une station dans la Méditerranée, l'Angleterre ne payait Malte que vingt-cinq millions de francs, ce ne serait pas cher.

Peut-être la discussion allait-elle s'établir sur ce point lorsqu'une troisième fanfare se fit entendre dans la cour et produisit un effet non moins inattendu et non moins prodigieux que les deux premières.

Quant à la reine, elle échangea avec Mack et

Nelson un regard qui voulait dire : « Restez calmes, sais ce que c'est. »

Mais le roi, qui ne le savait pas, courut à la fenêtre et l'ouvrit avant que la fanfare fût terminée.

Elle sonnait l'*hallali*.

— Voyons! cria-t-il furieux, m'expliquera-t-on enfin ce que veulent dire ces trois misérables fanfares?

— Elles veulent dire que Votre Majesté peut partir quand elle voudra, répondit le sonneur; elle sera sûre de ne pas faire buisson creux, les sangliers sont détournés.

— Détournés! répéta le roi, les sangliers sont détournés?

— Oui, sire, une bande de quinze.

— Quinze sangliers!... Entendez-vous, madame? s'écria le roi en s'adressant à Caroline. Quinze sangliers! entendez-vous, messieurs? Quinze sangliers! entend-tu, Jupiter? Quinze! quinze! quinze!

Puis, revenant au sonneur de cor :

— Ne sais-tu donc pas, lui cria-t-il d'une voix désespérée, qu'il n'y a pas de chasse aujourd'hui, malheureux?

La reine s'avança.

— Et pourquoi donc n'y aurait-il pas de chasse

aujourd'hui, monsieur? demanda-t-elle avec son plus charmant sourire.

— Mais, madame, parce que, sur le billet que vous m'avez écrit cette nuit, je l'ai décommandée.

Et il se retourna vers Ruffo comme pour le prendre à témoin que l'ordre avait été donné devant lui.

— C'est possible, monsieur; mais, moi, reprit la reine, j'ai pensé à la peine que vous causait la privation de ce plaisir, et, présumant que le conseil finirait de bonne heure et nous laisserait le temps de chasser pendant une partie de la journée, j'ai intercepté le messager et n'ai rien changé au premier ordre donné par vous, sinon que j'ai indiqué votre départ pour onze heures au lieu de neuf. Voici onze heures qui sonnent, le conseil est fini, les sangliers sont détournés, rien n'empêche donc Votre Majesté de partir

Au fur et à mesure que la reine parlait, la figure du roi devenait rayonnante.

— Ah! chère maîtresse! — on se rappelle que c'était le nom dont Ferdinand appelait Caroline dans ses moments d'amitié, — ah! chère maîtresse! vous êtes digne de remplacer non-seulement Acton comme premier ministre, mais encore le duc della Salandra, comme grand veneur. Vous l'avez dit : le conseil est fini, vous avez votre général de terre, vous avez votre général de mer, nous allons avoir cinq ou six millions de ducats sur lesquels nous ne comptions point; tout ce que vous ferez sera bien fait; tout ce que je vous demande, c'est de ne pas vous mettre en campagne avant l'empereur. Par ma foi, je me sens tout disposé à faire la guerre : il parait que, décidément, j'étais brave... Au revoir, chère maitresse ! Au revoir, messieurs ! Au revoir, Ruffo !

— Et Malte, sire ? demanda le cardinal.

— Bon! que l'on en fasse ce que l'on voudra, de Malte; je m'en passe depuis deux cent soixante-trois ans, je m'en passerai bien encore. Un mauvais rocher qui n'est bon pour la chasse que deux fois dans l'année, au passage des cailles; où l'on ne peut pas avoir de faisans, faute d'eau; où il ne pousse pas un radis et où l'on est obligé de tout tirer de la Sicile ! Qu'ils prennent Malte et qu'ils me débarrassent des jacobins, c'est tout ce que je leur demande... Quinze sangliers ! Jupiter, taïaut ! Jupiter, taïaut !

Et le roi sortit en sifflant une quatrième fanfare.

— Milord, dit la reine à Nelson, vous pouvez écrire à votre gouvernement que la cession de Malte à l'Angleterre ne souffrira aucune difficulté de la part du roi des Deux-Siciles.

Alors, se tournant vers les ministres et les conseillers :

— Messieurs, dit-elle, le roi vous remercie des

bons avis que vous lui avez donnés. Le conseil est levé.

Puis, enveloppant tout le monde dans un salut qu'elle sut par un coup d'œil rendre ironique pour Ruffo, elle rentra chez elle, suivie de Mack et de Nelson.

XXV

L'INTÉRIEUR D'UN SAVANT

Il était neuf heures du matin; l'atmosphère, épurée par l'orage de la nuit, était d'une limpidité merveilleuse; les barques des pêcheurs sillonnaient silencieusement le golfe, entre le double azur du ciel et de la mer, et, de la fenêtre de la salle à manger, de laquelle il s'éloignait et se rapprochait tour à tour, le chevalier San-Felice eût pu voir et compter, comme des points blancs, les maisons qui, à sept lieues de là, marbraient le sombre versant d'Ana-Capri, si deux choses ne l'eussent en ce moment préoccupé : d'abord, cette opinion qu'a émise Buffon dans ses *Époques de la nature*, — opinion qui lui paraissait quelque peu hasardée, — que la terre avait été détachée du soleil par le choc d'une comète; et, en même temps, une inquietude vague que lui causait le sommeil prolongé de sa femme. C'était la première fois, depuis son mariage, qu'en sortant de son cabinet, vers les huit heures du matin, il ne trouvait pas Luisa occupée à préparer la tasse de café, le pain, le beurre, les œufs et les fruits qui composaient le déjeuner habituel du savant, déjeuner que partageait, avec un appétit tout juvénile, celle qui l'avait ordonné et servi, même, avec la double attention d'une fille respectueuse et d'une tendre épouse.

Après son déjeuner, c'est-à-dire vers dix heures du matin, avec la régularité qu'il mettait à toute chose, quand une trop forte préoccupation scientifique ou morale ne l'absorbait pas, le chevalier embrassait Luisa au front et prenait le chemin de sa bibliothèque, chemin qu'à moins de trop mauvais temps, il faisait toujours à pied, autant pour son plaisir et sa distraction que pour accomplir une recommandation d'hygiène que lui avait faite son ami Cirillo, et qui, s'étendant de Mergellina au palais royal, pouvait équivaloir à un kilomètre et demi.

C'était là que demeurait, six mois de l'année, le prince héréditaire; les six autres mois, il demeurait à la Favorite ou à Capodimonte; pendant ces six mois, une de ses voitures était à la disposition de San-Felice.

Quand il habitait le palais royal, le prince descendait invariablement vers onze heures à sa bibliothèque, et trouvait son bibliothécaire juché sur quelque échelle, à la recherche d'un livre rare ou nouveau. En apercevant le prince, San-Felice faisait un mouvement pour descendre, mais le prince s'opposait à ce qu'il se dérangeât. Une conversation presque toujours littéraire ou scientifique s'établissait entre le savant sur son échelle et l'adepte sur son fauteuil. Entre midi et midi et demi, le prince rentrait chez lui. San-Felice descendait de son échelle pour le reconduire jusqu'à la porte, tirait sa montre, la mettait sur son bureau pour ne pas oublier l'heure, oubli auquel l'eût facilement entraîné un travail attachant, parce qu'il était aimé. A deux heures moins vingt minutes, le chevalier replaçait son travail dans son tiroir, auquel il donnait un tour de clef, remettait sa montre dans son gousset, prenait son chapeau, qu'il tenait à la main jusqu'à la porte de la rue, par cette révérence qu'avaient à cette époque les hommes vraiment royalistes pour tout ce qui tenait à la royauté. Parfois, s'il était dans ses jours de distraction, il faisait, tête nue, le chemin du palais à sa maison, à la porte de laquelle il frappait deux coups, presque toujours au même moment où sa pendule sonnait deux heures.

Ou Luisa venait lui ouvrir elle-même, ou elle l'attendait sur le perron.

Le dîner était toujours prêt; on se mettait à table ; pendant le dîner, Luisa racontait ce qu'elle avait fait, les visites qu'elle avait reçues, les petits événements qui étaient survenus dans le voisinage. Le chevalier, de son côté, disait ce qu'il avait vu sur son chemin, les nouvelles que lui avait données le prince, ce qu'il avait pu saisir de la politique, chose qui le préoccupait assez peu et qui intéressait médiocrement Luisa. Puis, après le dîner, selon sa disposition, Luisa se mettait au clavecin ou prenait sa guitare et chantait quelque gaie chanson de Santa-Lucia ou quelque mélancolique mélodie de Sicile; ou bien encore les deux époux faisaient une promenade à pied sur la route pittoresque du Pausilippe, ou en voiture jusqu'à Bagnoli ou Pouzzoles, et, dans ces promenades, San-Felice avait toujours quelque anecdote historique à raconter, quelque observation intéressante à faire, sa vaste érudition lui permettant de ne se répéter jamais et de charmer toujours.

On rentrait à la nuit; il était rare alors que quelque ami de San-Felice, quelque amie de Luisa, ne vînt pour passer la soirée, l'été sous le palmier, où l'on dressait une table, l'hiver au salon. En hommes, c'était souvent, lorsqu'il n'était point à Saint-Pétersbourg ou à Vienne, Dominique Cimarosa, l'auteur des *Horaces*, du *Mariage secret*, de *l'Italienne à Londres*, du *Directeur dans l'embarras*. L'illustre maestro se plaisait à faire chanter les morceaux encore inédits de ses opéras à Luisa, dans laquelle il trouvait, outre une excellente méthode qu'elle lui devait en partie, cette voix fraîche, limpide et sans fioritures, que l'on rencontre si rarement au théâtre; c'était quelquefois un jeune peintre, beau talent, charmant esprit, grand musicien, excellent joueur de guitare, s'appelant Vitaliani, comme cet enfant qui mourut avec deux autres enfants, Emmanuele de Deo et Gagliani, victimes de la première réaction. C'était, rarement enfin, car sa nombreuse clientèle lui en laissait peu le temps, c'était ce bon docteur Cirillo, avec lequel déjà deux ou trois fois nous nous sommes rencontrés, et que nous allons rencontrer encore. C'était, presque tous les soirs, la duchesse Fusco, quand elle était à Naples. C'était souvent une femme remarquable sous tous les rapports, rivale de madame de Staël comme publiciste et improvisatrice, Éléonore Fonseca Pimentele, élève de Métastase, qui, lorsqu'elle était encore tout enfant, lui avait promis un grand avenir de gloire. Quelquefois, encore, c'était la femme d'un savant, confrère de San-Felice : c'était la signora Baffi, qui, comme Luisa, n'avait pas la moitié de l'âge de son mari, et qui cependant l'aimait comme Luisa aimait le sien. Ces soirées duraient jusqu'à onze heures, rarement plus tard. On causait, on chantait, on disait des vers, on prenait des glaces, on mangeait des gâteaux. Parfois, si la soirée était belle, si la mer était calme, si la lune semait le golfe de paillettes d'argent, on descendait dans une barque : et, alors, de la surface de la mer montaient au ciel des chants délicieux, des harmonies adorables qui ravissaient en extase le bon Cimarosa; ou bien, debout comme la sibylle antique, Éléonore Pimentele jetait au vent qui faisait flotter ses longs cheveux noirs, dénoués sur une simple tunique à la grecque, des strophes qui semblaient des souvenirs de Pindare ou d'Alcée.

Le lendemain, la même existence recommençait, avec la même ponctualité; rien ne l'avait jamais ni troublée ni dérangée.

Comment se faisait-il donc que Luisa, qu'en rentrant à deux heures du matin il avait trouvée couchée et dormant d'un si bon sommeil, comment se faisait-il que Luisa, toujours levée à sept heures, ne fût pas encore sortie de sa chambre à neuf heures, et qu'à toutes les questions du chevalier, Giovannina eût répondu :

— Madame dort et a prié qu'on ne la réveillât point.

Mais neuf heures un quart venaient de sonner, et

le chevalier, cédant à son inquiétude, se préparait à aller lui-même frapper à la porte de Luisa, lorsque celle-ci parut sur le seuil de la salle à manger, les yeux un peu fatigués, le teint un peu pâle, mais plus ravissante peut-être sous ce nouvel aspect que le chevalier ne l'avait jamais vue.

Il allait à elle avec l'intention de la gronder à la fois et de ce sommeil si prolongé et de l'inquiétude qu'il lui avait causée ; mais, lorsqu'il vit le doux sourire de la sérénité éclairer, comme un rayon matinal, sa charmante physionomie, il ne put que la regarder, sourire lui-même, prendre sa blonde tête entre ses deux mains, la baiser au front, en lui disant avec une galanterie mythologique qui, à cette époque, n'avait rien de suranné :

— Si la femme du vieux Tithon s'est fait attendre, c'était pour se déguiser en amante de Mars !

Une vive rougeur passa sur le visage de Luisa, elle appuya sa tête contre le cœur du chevalier, comme si elle eût voulu se réfugier dans sa poitrine.

— J'ai fait des rêves terribles cette nuit, mon ami, dit-elle, et cela m'a rendue un peu malade.

— Et ces rêves terribles, t'ont-ils, en même temps que le sommeil, enlevé l'appétit ?

— J'en ai vraiment peur, dit Luisa en se mettant à table.

Elle fit un effort pour manger, mais c'était chose impossible : il lui semblait avoir la gorge serrée par une main de fer.

Son mari la regardait avec étonnement, et elle se sentait rougir et pâlir sous ce regard plutôt inquiet qu'interrogateur cependant, lorsqu'on frappa trois coups également espacés à la porte du jardin.

Quelle que fût la personne qui arrivait, elle était la bienvenue pour Luisa ; car elle faisait diversion à l'inquiétude du chevalier et à son embarras à elle.

Aussi se leva-t-elle vivement pour aller ouvrir.

— Où est donc Nina ? demanda San-Felice.

— Je ne sais, répondit Luisa ; sortie peut-être.

— A l'heure du déjeuner ? quand elle sait sa maîtresse souffrante ? Impossible, ma chère enfant !

On frappa une seconde fois.

— Permettez que j'aille ouvrir, dit Luisa.

— Non pas ; c'est à moi d'y aller ; tu souffres, tu es fatiguée ; reste tranquille, je le veux !

Le chevalier disait quelquefois : *Je le veux*, mais d'une voix si douce, avec une expression si tendre, que c'était toujours la prière d'un père à sa fille, et jamais l'ordre d'un mari à sa femme.

Luisa laissa donc le chevalier descendre le perron et aller lui-même ouvrir la porte du jardin ; mais, inquiète à chaque circonstance nouvelle qui pouvait donner à son mari soupçon de ce qui s'était passé pendant la nuit, elle courut à la fenêtre, y passa vivement la tête, et, sans pouvoir découvrir qui c'était, vit un homme qui paraissait d'un certain âge déjà, et qui, abrité sous un chapeau à larges bords, examinait, avec une attention qui lui fit passer un frisson dans les veines, la porte contre laquelle s'était adossé Sálvato, et le seuil sur lequel il était tombé.

La porte s'ouvrit, l'homme entra sans que Luisa eût pu le reconnaître.

Au son joyeux de la voix de son mari, qui invitait le visiteur à le suivre, Luisa comprit que c'était un ami.

Très-pâle très-agitée, elle alla reprendre sa place à table.

Son mari entra, poussant devant lui Cirillo.

Elle respira. Cirillo l'aimait beaucoup, et, de son côté, elle avait une grande affection pour lui, parce que Cirillo, ayant autrefois été le médecin du prince Caramanico, parlait souvent de lui — quoiqu'il ignorât le lien de parenté qui l'attachait à Luisa — avec amour et vénération.

En l'apercevant, elle se leva donc et jeta un cri de joie; rien de mauvais ne pouvait lui venir de la part de Cirillo.

Hélas! bien des fois, pendant cette nuit qu'elle

7.

avait passée presque tout entière au chevet du blessé, elle avait pensé au bon docteur, et, peu confiante dans la science de Nanno, elle avait dix fois été sur le point d'envoyer Michele à sa recherche ; mais elle n'avait point osé mettre ce désir à exécution. Que penserait Cirillo du mystère qu'elle faisait à son mari de ce terrible événement qui s'était passé sous ses yeux, et comment apprécierait-il les raisons qu'elle croyait avoir de garder sur cet événement un silence absolu ?

Mais il n'en était pas moins singulier pour elle, ce hasard qui amenait Cirillo, que l'on n'avait pas vu depuis plusieurs mois, et cela, le matin même qui suivait la nuit où sa présence avait été si fort désirée dans la maison.

Cirillo, en entrant, arrêta un instant son regard sur Luisa ; puis, cédant à l'invitation de San-Felice, il approcha sa chaise de la table où le mari et la femme déjeunaient, et sur laquelle, selon la coutume orientale, qui est aussi celle de Naples, cette première étape de l'Orient, Luisa lui servit une tasse de café noir.

— Ah ! pardieu ! lui dit San-Felice en lui posant la main sur le genou, il ne fallait pas moins qu'une visite à neuf heures et demie du matin pour vous faire pardonner l'abandon dans lequel vous nous laissiez.

On mourrait vingt fois, cher ami, avant de savoir si vous êtes mort vous-même !

Cirillo regarda San-Felice avec la même attention qu'il avait regardé sa femme ; mais autant chez l'une il trouvait la trace mystérieuse d'une nuit agitée et inquiète, autant il trouvait chez l'autre la naïve sérénité de l'insouciance et du bonheur.

— Alors, dit-il à San-Felice, cela vous fait plaisir, de me voir *ce matin*, mon cher chevalier ?

Et il appuya sur ces deux mots : *ce matin*, avec une intention marquée.

— Cela me fait toujours plaisir, de vous voir, cher docteur ; matin et soir, soir et matin ; mais justement, ce matin, je suis plus que jamais content de vous voir.

— A quel propos ? Dites-moi cela.

— A deux propos... Prenez donc votre café... Ah ! pour le café, par exemple, vous jouez de malheur aujourd'hui, ce n'est pas Luisa qui l'a fait... La paresseuse s'est levée... A quelle heure ? Devinez.

— Fabiano ! dit Luisa en rougissant.

— La voyez-vous ! elle est honteuse elle-même !... A neuf heures !

Cirillo remarqua la rougeur de Luisa, à laquelle succéda une pâleur mortelle.

Sans savoir encore quels étaient les motifs de cette agitation, Cirillo eut pitié de la pauvre femme.

— Vous vouliez me voir à deux propos, mon cher San-Felice... Lesquels?

— D'abord, répliqua le chevalier, imaginez-vous que j'ai rapporté hier de la bibliothèque du palais les *Époques de la nature*, de M. le comte de Buffon. Le prince a fait venir ce livre en cachette, attendu qu'il est défendu par la censure : peut-être — je n'en sais rien — peut-être est-ce parce qu'il n'est pas tout à fait d'accord avec la Bible.

— Oh! cela me serait bien égal, répondit Cirillo en riant, s'il était d'accord avec le sens commun.

— Ah! s'écria le chevalier, vous ne pensez donc pas comme lui que la terre soit un morceau du soleil détaché par le choc d'une comète?

— Pas plus que je ne pense, mon cher chevalier, que la génération des êtres vivants s'opère par des molécules organiques et des moules intérieurs; ce qui est encore une théorie du même auteur, non moins absurde, à mon avis, que la première.

— A la bonne heure ! Je ne suis donc pas si ignorant que j'en avait peur!

— Vous, mon cher ami? Mais vous êtes l'homme le plus savant que je connaisse.

— Oh! oh! oh! mon cher docteur, parlez bas, que l'on ne vous entende pas dire une pareille énormité. Ainsi, c'est bien arrêté, n'est-ce pas? je n'ai pas besoin de m'en préoccuper davantage : la terre n'est point un morceau du soleil... Ah ! voilà l'un des deux points éclaircis, et, comme c'était le moins important, je l'ai fait passer le premier; le second, vous l'avez devant les yeux. Que dites-vous de ce visage-là?

Et il lui montra Luisa.

— Ce visage-là est charmant comme toujours, répondit Cirillo; seulement un peu fatigué, un peu pâli par la peur que madame aura peut-être eue cette nuit.

Le docteur appuya sur les derniers mots.

— Quelle peur ? demanda San-Felice.

Cirillo regarda Luisa.

— Il n'est rien arrivé cette nuit qui vous ait affrayée, madame ? demanda Cirillo.

— Rien, non, rien, cher docteur.

Et Luisa jeta sur Cirillo un regard suppliant.

— Alors, répondit insoucieusement Cirillo, c'est que vous avez mal dormi, voilà tout.

— Oui, dit San-Felice en riant, elle a fait de mauvais rêves, et cependant, lorsque je suis rentré hier de l'ambassade d'Angleterre, elle dormait d'un si bon sommeil, que je suis entré dans sa chambre et l'ai embrassée sans qu'elle se soit réveillée.

— Et à quelle heure êtes-vous revenu de l'ambassade d'Angleterre ?

— Mais à deux heures et demie, à peu près?

— C'est cela, dit Cirillo, tout était fini.

— Qu'est-ce qui était fini?

— Rien, dit Cirillo. Seulement, on a assassiné cette nuit un homme devant votre porte...

Luisa devint aussi pâle que le peignoir de batiste dont elle était vêtue.

— Mais, continua Cirillo, comme c'était à minuit que l'assassinat avait eu lieu, que madame dormait à cette heure, que vous êtes rentré à deux heures et demie, vous n'en avez rien su?

— Non, et c'est vous qui m'en donnez des nouvelles. Par malheur, ce n'est pas chose rare qu'un assassinat dans les rues de Naples, et surtout à Mergellina, qui est à peine éclairée et où tout monde est couché à neuf heures du soir... Ah! je comprends maintenant pourquoi vous êtes venu de si bon matin.

— Justement, mon ami, je voulais savoir si cet assassinat, qui a plus de gravité qu'un accident ordinaire, n'avait pas, s'étant passé sous vos fenêtres, jeté quelque trouble dans la maison.

— Aucun! vous le voyez... Mais cet assassinat, comment l'avez-vous appris?

— J'ai passé devant votre porte au moment même où il venait d'avoir lieu. L'homme, en se défendant,

— il paraît qu'il était très-fort et très-brave, — a tué deux sbires et en a blessé deux autres.

Luisa dévorait chaque parole qui sortait de la bouche du docteur; tous ces détails, qu'on ne l'oublie pas, lui étaient inconnus.

— Comment! demanda San-Felice en baissant la voix, les assassins étaient des sbires?

— Sous le commandement de Pasquale de Simone, répondit Cirillo en mettant sa voix au diapason de celle du chevalier.

— Croyez-vous donc à toutes ces calomnies? demanda San-Felice.

— Je suis bien forcé d'y croire.

Cirillo prit San-Felice par la main et le conduisit à la fenêtre.

— Voyez-vous, lui dit-il en étendant le doigt, de l'autre côté de la fontaine du Lion, à la porte de cette maison qui fait l'angle de la place et de la rue, voyez-vous cette bière exposée entre quatre cierges?

— Oui.

— Eh bien, elle renferme le cadavre d'un des deux sbires blessés. Celui-là est mort entre mes mains et, en mourant, m'a tout dit.

Cirillo se retourna vivement pour s'assurer de l'effet qu'avaient fait sur Luisa les paroles qu'il venait de prononcer.

Elle était debout, essuyant avec son mouchoir la sueur de son front.

Luisa comprit que les paroles avaient été dites pour elle. Les forces lui manquèrent; elle retomba sur sa chaise les mains jointes.

Cirillo fit signe que lui aussi comprenait et la rassura d'un coup d'œil.

— Maintenant, dit-il, mon cher chevalier, je suis enchanté que tout cela se soit passé *in partibus*, c'est-à-dire sans que vous ni madame ayez rien vu ni entendu. Mais, comme madame n'en est pas moins un peu souffrante, vous allez me permettre de l'interroger, n'est-ce pas, et de lui laisser une petite ordonnance? Puis, comme les médecins font toujours des questions fort indiscrètes ; comme les dames ont toujours, à l'endroit de leur santé, certains secrets ou plutôt certaines pudeurs qui ont besoin du tête-à-tête pour s'épancher, vous allez me permettre d'emmener madame dans sa chambre et de l'y interroger tout à mon aise.

— Inutile, cher docteur; voici dix heures qui sonnent. Je suis en retard de vingt minutes. Restez avec Luisa ; confessez-la à blanc. Moi, je vais à ma bibliothèque... A propos, vous savez ce qui s'est passé, cette nuit, à l'hôtel de l'ambassadeur d'Angleterre?

— Oui, à peu près du moins.

— Eh bien, cela doit avoir amené de grandes choses; je suis sûr que le prince descendra aujourd'hui plus tôt que de coutume, et que déjà même peut-être il m'attend. Vous m'avez donné des nouvelles ce matin; eh bien, moi, peut-être pourrai-je vous en donner ce soir, si vous repassez par ici... Mais que je suis naïf! on ne repasse point par ici, on y vient quand on s'y perd... Mergellina est le pôle nord de Naples, et je suis au milieu des banquises.

Puis, embrassant sa femme au front :

— Au revoir, mon enfant chéri, lui dit-il. Conte bien toutes tes petites histoires au docteur; songe que ta santé est ma joie, et que ta vie est ma vie. Au revoir, cher docteur.

Puis, jetant les yeux sur la pendule :

— Dix heures un quart! s'écria-t-il, dix heures un quart!

Et, levant au ciel son chapeau et son parapluie, il s'élança par les degrés du perron.

Cirillo le regarda s'éloigner; mais il n'eut pas même la patience d'attendre qu'il fût hors du jardin, et, se retournant vers Luisa :

— Il est ici, n'est-ce pas? lui demanda-t-il avec un sentiment de profonde angoisse.

— Oui! oui! oui! murmura Luisa en tombant à genoux devant Cirillo.

— Mort ou vivant?

— Vivant!

— Dieu soit loué! s'écria Cirillo. Et vous, Luisa...

Il la regarda avec une tendresse mêlée d'admiration.

— Et moi?... demanda celle-ci toute tremblante.

— Vous, dit Cirillo en la relevant et en la pressant sur son cœur, vous, soyez bénie!

Et ce fut Cirillo qui, à son tour, tomba sur une chaise en s'essuyant le front.

XXVI

LES DEUX BLESSÉS.

Luisa ne comprenait rien à la scène qui venait de se passer. Elle devinait qu'elle avait sauvé la vie d'une personne qui était chère à Cirillo, voilà tout.

Seulement, voyant le bon docteur pâlir sous le poids de l'émotion qu'il venait d'éprouver, elle lui versa un verre d'eau fraîche, qu'elle lui offrit et qu'il but à moitié.

— Et maintenant, dit Cirillo en se levant vivement, ne perdons pas une minute. Où est-il?

— Là, dit Luisa en montrant l'extrémité du corridor.

Cirillo fit un mouvement dans la direction indiquée; Luisa le retint.

— Mais..., dit-elle en hésitant.

— Mais? répéta Cirillo.

— Écoutez-moi, et surtout excusez-moi, mon ami, lui dit-elle de sa voix caressante, et en lui posant les deux mains sur les deux épaules.

— J'écoute, dit en souriant Cirillo; il n'est point à l'agonie, n'est-ce pas?

— Non, Dieu merci! il est même, je le crois, aussi bien qu'il peut l'être dans sa position; du moins, il était ainsi quand je l'ai quitté, il y a deux heures. Voilà donc ce que je voulais vous dire et ce qu'il était important que vous sussiez avant que de le voir. Je n'osais pas vous envoyer chercher, parce que vous êtes l'ami de mon mari, et qu'instinctivement je sentais que mon mari ne devait rien savoir de tout cela. Je ne voulais pas confier à un médecin dont je ne fusse pas sûre un secret important, car il y a quelque secret important là-dessous, n'est-ce pas, mon ami?

— Un secret terrible, Luisa!

— Un secret royal, n'est-ce pas? reprit celle-ci.

— Silence! Qui vous a dit cela?

— Le nom même de l'assassin.

— Vous le saviez?

— Michele, mon frère de lait, a reconnu Pasquale de Simone... Mais laissez-moi achever. Je voulais donc vous dire que, n'osant vous envoyer chercher, ne voulant pas envoyer chercher un autre médecin que vous, j'ai prié une personne qui se trouvait là par hasard de donner les premiers soins au blessé...

— Cette personne appartient-elle à la science? demanda Cirillo.

— Non; mais elle a prétendu avoir des secrets pour guérir.

— Quelque charlatan, alors.

— Non; mais excusez-moi, cher docteur, je suis si troublée, que ma pauvre tête se perd; mon frère de lait, Michele, celui qu'on appelle Michele *il Pazzo*, vous le connaissez, je crois?

— Oui, et, par parenthèse, je vous dirai même : défiez-vous de lui! c'est un royaliste enragé devant lequel je n'oserais point passér si j'avais des cheveux taillés à la Titus, et si je portais des pantalons au lieu de porter des culottes : il ne parle que de brûler et de pendre les jacobins.

— Oui; mais il est incapable de trahir un secret dans lequel je serais pour quelque chose.

— C'est possible; nos hommes du peuple sont un composé de bon et de mauvais; seulement, chez la plupart d'entre eux, le mauvais l'emporte sur le bon. Vous disiez donc que votre frère de lait Michele...?

— Sous prétexte de me faire dire ma bonne aventure, — je vous jure, mon ami, que c'est lui qui a eu cette idée et non pas moi, — m'avait amené une sorcière albanaise. Elle m'avait prédit toute sorte de choses folles, et elle était là enfin quand j'ai recueilli ce malheureux jeune homme, et c'est elle qui, avec des herbes dont elle prétend connaître la puissance, a arrêté le sang et posé le premier appareil.

— Hum! fit Cirillo avec inquiétude.

— Quoi?

— Elle n'avait point de raison d'en vouloir au blessé, n'est-ce pas?

— Aucune : elle ne le connaît pas, et, au contraire, elle a paru prendre un grand intérêt à sa situation.

— Alors, vous n'avez point la crainte que, dans un but de vengeance quelconque, elle n'ait employé des herbes vénéneuses.

— Bon Dieu! s'écria Luisa en pâlissant, vous m'y

faites penser ; mais non, c'est impossible. Le blessé, à part une grande faiblesse, a paru soulagé dès que l'appareil a été posé.

— Ces femmes, dit Cirillo comme s'il se parlait à lui-même, ont, en effet, quelquefois des secrets excellents. Au moyen âge, avant que la science nous fût venue de la Perse, avec les Avicenne, et de l'Espagne, avec les Averrhoës, elles furent les confidentes de la nature, et, si la médecine était moins fière, elle avouerait qu'elle leur doit quelques-unes de ses meilleures découvertes. Seulement, ma chère Luisa, continuat-il en revenant à la jeune femme, ces sortes de créatures sont sauvages et jalouses, et il y aurait danger pour le malade que votre sorcière sût qu'un autre médecin qu'elle lui donne des soins. Tâchez donc de l'éloigner afin que je voie le blessé seul.

— Eh bien, c'est ce que j'avais pensé, mon ami, et ce dont je voulais vous avertir, dit Luisa. Maintenant que vous savez tout et que vous-même avez été au-devant de mes craintes, venez ! vous entrerez dans une chambre voisine ; j'éloignerai Nanno sous un prétexte quelconque, et, alors, alors, ô cher docteur, dit Luisa en joignant les mains comme elle eût fait devant Dieu, alors, vous le sauverez, n'est-ce pas ?

— C'est la nature qui sauve, mon enfant, et non pas nous autres, répondit Cirillo. Nous l'aidons, voilà tout; et j'espère qu'elle aura déjà fait pour notre cher blessé tout ce qu'elle pouvait faire. Mais ne perdons point de temps : dans ces sortes d'accidents, la promptitude des soins est pour beaucoup dans la guérison. S'il faut se fier à la nature, il ne faut pas non plus lui laisser tout à faire.

— Venez donc, alors, dit Luisa.

Elle marcha la première, le docteur la suivit.

On traversa la longue file d'appartements qui faisaient partie de la maison San-Felice, puis on ouvrit la porte de communication donnant dans la maison voisine.

— Ah! dit Cirillo remarquant cette combinaison du hasard qui avait si bien servi l'événement, voilà qui est excellent! Je comprends, je comprends... Il n'est pas chez vous; il est chez la duchesse Fusco. Il y a une Providence, mon enfant!

Et, d'un regard levé au ciel, Cirillo remercia cette Providence à laquelle, en général, les médecins ont si peu de foi.

— Ainsi, n'est-ce pas, dit Luisa, il faut qu'il soit caché?...

Cirillo comprit ce que Luisa voulait dire.

— A tout le monde, sans exception aucune, vous entendez? Sa présence connue dans cette maison, quoiqu'elle ne soit pas la vôtre, compromettrait cruellement votre mari d'abord.

— Alors, s'écria joyeusement Luisa, je ne m'étais pas trompée, et j'ai bien fait de garder mon secret pour moi seule?

— Oui, vous avez bien fait, et je n'ajouterai qu'un mot pour vous enlever tout scrupule. Si ce jeune homme était reconnu et arrêté, non-seulement sa vie serait en danger, mais encore la vôtre, celle de votre mari, la mienne et celle de beaucoup d'autres qui valent mieux que moi.

— Oh! nul ne vaut mieux que vous, mon ami, et nul mieux que moi ne sait ce que vous valez. Mais nous sommes à la porte, docteur; voulez-vous rester dehors et me laisser entrer?

— Faites, dit Cirillo en s'effaçant.

Luisa posa la main sur la clef et, sans le moindre grincement, fit tourner la porte sur ses gonds.

Sans doute les précautions avaient été prises pour qu'elle s'ouvrît ainsi sans bruit.

Au grand étonnement de la jeune femme, elle trouva le blessé seul avec Nina, qui, une petite éponge à la main, lui pressait cette petite éponge sur la poitrine et y faisait couler goutte à goutte, au moyen de cette pression, le jus des herbes cueillies par la sorcière.

— Où est Nanno? où est Michele? demanda Luisa.

— Nanno est partie, madame, en disant que tout allait bien et qu'elle n'avait plus rien à faire ici pour le moment, tandis qu'elle avait beaucoup à faire ailleurs.

— Et Michele?

— Michele a dit qu'à la suite des événements de cette nuit, il y aurait probablement du bruit au Vieux-Marché, et, comme il est un des chefs de son quartier, il a ajouté que, s'il y avait du bruit, il voulait en être.

— Ainsi, tu es seule?

— Absolument seule, madame.

— Entrez, entrez, docteur, dit Luisa, le champ est libre.

Le docteur entra.

Le malade était couché sur un lit dont le chevet était appuyé à la muraille. Il avait la poitrine complétement nue, à l'exception d'une bande de toile, qui, disposée en croix et passant derrière ses épaules, maintenait l'appareil sur sa blessure. C'était à l'endroit précis de cette blessure que Nina, en passant l'éponge, exprimait le suc des herbes.

Salvato était immobile et sans mouvement, tenant ses yeux fermés au moment où Luisa avait ouvert la porte. En même temps que la porte, ses yeux s'étaient ouverts, et sa figure avait pris une expression de bonheur qui avait presque fait disparaître celle de la souffrance.

Invité par la jeune femme à entrer, Cirillo apparut à son tour; le blessé le regarda d'abord avec inquiétude. Quel était cet homme? Un père, probablement; un mari, peut-être.

Tout à coup, il le reconnut, fit un mouvement pour se soulever, murmura le nom de Cirillo et lui tendit la main.

Puis il retomba sur les oreillers, épuisé par le léger effort qu'il venait de faire.

Cirillo, en portant un doigt à sa bouche, lui fit signe de ne parler ni remuer.

Il s'approcha du blessé, leva la bande qui lui serrait la poitrine, et, maintenant l'appareil, examina avec attention les débris des herbes broyées par Michele, goûta du bout des lèvres la liqueur qui en était tirée, et sourit en reconnaissant la triple combinaison astringente de la fumeterre, du plantain et de l'artémise.

— C'est bien, dit-il à Luisa, sur laquelle s'étaient arrêtés de nouveau le regard et le sourire du malade, vous pouvez continuer les remèdes de la sorcière; je n'eusse peut-être pas ordonné cela, mais je n'eusse rien ordonné de mieux.

Puis, revenant au blessé, il l'examina avec la plus grande attention.

Grâce aux herbes astringentes formant l'appareil, grâce au suc des herbes dont on avait constamment baigné la blessure, les lèvres de la plaie s'étaient rapprochées ; elles étaient roses et du meilleur aspect, et il était probable qu'il n'y avait pas eu d'hémorrhagie intérieure, ou que, s'il y en avait eu un commencement, elle avait été interrompue par ce que les chirurgiens nomment le *caillot*, œuvre admirable de la nature qui combat pour les êtres créés par elle avec une intelligence à laquelle la science n'atteindra jamais.

Le pouls était faible mais bon. Restait à savoir dans quel état était la voix. Cirillo commença par appuyer son oreille sur la poitrine du malade et écouter sa respiration. Sans doute en fut-il content, car il se releva en rassurant par un sourire Luisa, qui suivait des yeux tous ses mouvements.

— Comment vous sentez-vous, mon cher Salvato? demanda-t-il au blessé.

— Faible, mais très-bien, répondit-il ; je voudrais toujours rester ainsi.

— Bravo! dit Cirillo, la voix est meilleure que je ne l'espérais. Nanno a fait une magnifique cure, et je pense que, sans trop vous fatiguer, vous allez pouvoir répondre à quelques questions, dont vous sentirez vous-même l'importance.

— Je comprends, dit le malade.

Et, en effet, dans toute autre circonstance, Cirillo eût remis au lendemain l'espèce d'interrogatoire qu'il allait faire subir à Salvato; mais la situation était si grave, qu'il n'avait pas un instant à perdre pour prendre les mesures qu'elle nécessitait.

— Dès que vous vous sentirez fatigué, arrêtez-vous, dit-il au blessé, et, quand Luisa pourra répondre aux questions que je vous adresserai, je la prie de vous épargner la peine d'y répondre vous-même.

— Vous vous nommez Luisa? dit Salvato. C'était un des noms de ma mère. Dieu n'a fait qu'un seul et même nom pour la femme qui m'a donné la vie et pour celle qui me l'a sauvée. Je remercie Dieu.

— Mon ami, dit Cirillo, soyez avare de vos paroles; je me reproche chaque mot que je vous force de prononcer. Ne prononcez donc pas un seul mot inutile.

Salvato fit un léger mouvement de la tête en signe d'obéissance.

— A quelle heure, demanda Cirillo s'adressant moitié à Salvato, moitié à Luisa, à quelle heure le blessé a-t-il repris connaissance?

Luisa se hâta de répondre pour Salvato :

— A cinq heures du matin, mon ami, et juste au moment où l'aube se levait.

Le blessé sourit ; c'était aux premiers rayons de cette aube qu'il avait entrevu Luisa.

— Qu'avez-vous pensé en vous trouvant dans cette chambre et en voyant près de vous une personne inconnue ?

— Ma première idée fut que j'étais mort et qu'un ange du Seigneur venait me chercher pour m'enlever au ciel.

Luisa fit un mouvement pour s'effacer derrière Cirillo ; mais Salvato allongea vers elle la main d'un mouvement si brusque, que Cirillo arrêta la jeune femme et la ramena en vue du blessé.

— Il vous a pris pour l'ange de la mort, lui dit Cirillo ; prouvez-lui qu'il se trompait et que vous êtes, au contraire, l'ange de la vie.

Luisa poussa un soupir, appuya la main sur son cœur, sans doute pour en comprimer les battements, et, cédant, sans avoir la force de résister, à la contrainte que lui imposait Cirillo, elle se rapprocha du blessé.

Les regards des deux beaux jeunes gens se croisèrent alors et ne se détachèrent plus l'un de l'autre.

— Soupçonnez-vous quels étaient vos assassins ? demanda Cirillo.

— Je les connais, dit vivement Luisa, et je vous les ai nommés ; ce sont des hommes à la reine.

Suivant la recommandation de Cirillo de laisser Luisa répondre pour lui, Salvato se contenta de faire un signe affirmatif.

— Et vous doutez-vous dans quel but ils ont tenté de vous assassiner ?

— Ils me l'ont dit eux-mêmes, fit Salvato : c'était pour m'enlever les papiers dont j'étais porteur.

— Ces papiers, où étaient-ils ?

— Dans la poche de la houppelande que m'avait prêtée Nicolino.

— Et ces papiers ?

— Au moment où je me suis évanoui, j'ai cru sentir qu'on me les enlevait.

— M'autorisez-vous à visiter votre habit ?

Le blessé fit un signe de tête ; mais Luisa intervint.

— Je vais vous le donner si vous voulez, dit-elle ; mais ce sera bien inutile, les poches sont vides.

Et, comme Cirillo lui demandait des yeux : « Comment le savez-vous ? »

— Notre premier soin, répondit Luisa à cette interrogation muette, a été de chercher, là où il pouvait se trouver, un renseignement qui pût nous aider à établir l'identité du blessé. S'il eût eu une mère ou une sœur à Naples, mon premier devoir, au risque de ce qui pouvait arriver, était de les prévenir. Nous n'avons rien trouvé, n'est-ce pas, Nina?

— Absolument rien, madame.

— Et quels étaient ces papiers qui sont à cette heure entre les mains de vos ennemis? vous le rappelez-vous, Salvato?

— Il n'y en avait qu'un seul, la lettre du général Championnet, recommandant à l'ambassadeur de France de maintenir autant que possible la bonne intelligence entre les deux États, attendu qu'il n'était point encore en mesure de faire la guerre.

— Lui parlait-il des patriotes qui se sont mis en communication avec lui?

— Oui, pour lui dire de les calmer.

— Les nommait-il?

— Non.

— Vous en êtes sûr?

— J'en suis sûr.

Fatigué de l'effort qu'il venait de faire pour répondre jusqu'au bout à Cirillo, le blessé ferma les yeux et pâlit.

Luisa jeta un cri; elle crut qu'il s'évanouissait.

A ce cri, les yeux de Salvato se rouvrirent, et un sourire — était-il de reconnaissance ou d'amour? — reparut sur ses lèvres.

— Ce n'est rien, madame, dit-il, ce n'est rien.

— N'importe, dit Cirillo ; pas un mot de plus. Je sais ce que je voulais savoir. Si ma vie seule eût été en jeu, je vous eusse recommandé le silence le plus absolu ; mais vous savez que je ne suis pas seul, et vous me pardonnez.

Salvato prit la main que lui offrait le docteur et la serra avec une force qui prouvait que son énergie ne l'avait pas abandonné.

— Et maintenant, dit Cirillo, taisez-vous et calmez-vous ; le mal est moins grand que je ne le craignais et qu'il pouvait être.

— Mais le général ! dit le blessé malgré l'ordre qui lui était donné de se taire, il faut qu'il sache à quoi s'en tenir.

Le général, répondit Cirillo, recevra avant trois jours un messager ou un message qui le rassurera sur votre sort. Il saura que vous êtes dangereusement, mais non mortellement blessé. Il saura que vous êtes hors des atteintes de la police napolitaine, si habile qu'elle soit ; il saura que vous avez près de vous une garde-malade que vous avez prise pour un ange du ciel avant de savoir que c'était une simple sœur de charité ; il saura enfin, mon cher Salvato, que tout blessé voudrait être à votre place, ne demanderait qu'une chose à son médecin : c'est de ne pas le guérir trop vite.

Cirillo se leva, alla à une table où se trouvaient une plume, de l'encre et du papier, et, tandis qu'il écrivait une ordonnance, Salvato cherchait et trouvait la main de Luisa, que celle-ci lui abandonnait en rougissant.

L'ordonnance écrite, Cirillo la remit à Nina, qui sortit aussitôt pour la faire exécuter.

Alors, appelant à lui la jeune femme et lui parlant assez bas pour que le blessé ne pût pas l'entendre :

— Soignez ce jeune homme, lui dit-il, comme une sœur soignerait son frère ; ce n'est point assez, comme une mère soignerait son enfant. Que personne, pas même San-Felice, ne sache sa présence ici. La Providence a choisi vos douces et chastes mains pour lui confier la précieuse vie de l'un de ses élus. Vous en devrez compte à la Providence.

Luisa baissa la tête avec un soupir. Hélas! la recommandation était inutile, et la voix de son cœur lui recommandait le blessé, non moins tendrement que celle de Cirillo, si puissante qu'elle fût.

— Je reviendrai après-demain, continua Cirillo ; à moins d'accidents, ne m'envoyez pas chercher ; car, après tout ce qui s'est passé cette nuit, la police aura les yeux sur moi. Il n'y a rien à faire de plus que ce qui a été fait. Veillez à ce que le blessé n'éprouve aucune secousse matérielle ou morale ; pour tout le monde et même pour San-Felice, c'est vous qui êtes souffrante; et c'est vous que je viens voir.

— Mais, cependant, murmura la jeune femme, si mon mari savait...

— Dans ce cas, je prends tout sur moi, répondit Cirillo.

Luisa leva les yeux au ciel et respira plus librement.

En ce moment, Nina rentra, rapportant l'ordonnance.

Aidé de la jeune fille, Cirillo plaça des herbes fraîchement triturées sur la poitrine du blessé, raffermit la bande, lui recommanda le repos, et, à peu près rassuré sur sa vie, il prit congé de Luisa en lui promettant de revenir le surlendemain.

Au moment où Nina refermait sur lui la porte de la rue, un *carrozzello* descendait du Pausilippe.

Cirillo lui fit signe de venir à lui et y monta.

— Où faut-il conduire Votre Excellence? demanda le cocher.

— A Portici, mon ami, et voilà une piastre pour ta course, si nous y sommes dans une heure.

Et il lui montra la piastre, mais sans la lui donner.

— *Viva san Gennaro!* cria le cocher.

Et il fouetta son cheval, qui partit au galop.

En marchant de cette allure, Cirillo, en moins d'une heure, eût atteint le but de sa course; mais, en arrivant à la rue Neuve-de-la-Marine, il trouva le quai encombré par un immense attroupement qui lui coupa entièrement le passage.

XXVII

FRA PACIFICO

Michele ne s'était pas trompé, il y avait eu du bruit au Vieux-Marché; seulement, ce bruit n'avait pas eu tout à fait la cause que lui assignait dans son esprit le frère de lait de la San-Felice, ou, tout au moins, cette cause n'avait pas été la seule.

Essayons de raconter ce qui s'était passé dans ce tumultueux quartier du vieux Naples : espèce de *cour des Miracles*, dont lazzaroni, camorristes et guappi se disputent la royauté; où Masaniello a improvisé sa révolution, et d'où sont sorties, depuis cinq cents ans, toutes les émeutes qui ont agité la capitale des Deux-Siciles, comme sont sortis du Vésuve tous les tremblements de terre qui ont ébranlé Resina, Portici et Torre-del-Greco.

Vers six heures du matin, les voisins du couvent de Saint-Éphrem, situé *salita dei Capuccini*, avaient pu voir sortir, comme d'habitude, poussant devant lui son âne et descendant la longue rue qui conduit de la porte du saint édifice à la rue de l'*Infrascata*, le frère quêteur chargé d'approvisionner la communauté.

Ces deux personnages, bipède et quadrupède, étant destinés à jouer un certain rôle dans notre récit, méritent, le bipède surtout, une description toute particulière.

Le moine, qui portait la robe brune des capucins, avec le capuchon retombant derrière le dos, avait, selon le règlement, les pieds nus dans des sandales à semelles de bois qui, retenues sur le cou-de-pied par deux lanières de cuir jaune, battaient le pavé d'un côté et ses talons de l'autre; la tête rasée, à part cette étroite couronne de cheveux destinée à représenter la couronne d'épines de Notre-Seigneur, et la taille serrée par ce miraculeux cordon de Saint-François, qui exerce une si grande influence sur la vénération que les fidèles portent à l'ordre, et dont les trois nœuds symboliques rappellent trois vœux que les moines de cet ordre font en renonçant au monde; c'est-à-dire le vœu de pauvreté, le vœu de chasteté et le vœu d'obéissance

Fra Pacifico, en français *frère Pacifique* — tel était le nom du moine quêteur que nous venons de mettre en scène — semblait, en revêtant la robe de Saint-François, s'être imposé le nom qui paraissait le plus en opposition avec son physique et son caractère.

En effet, frère Pacifico était un homme d'une quarantaine d'années, haut de cinq pieds huit pouces, aux bras musculeux, aux mains massives, à la poitrine herculéenne, aux jambes robustes. Il avait la barbe noire et épaisse, le nez droit et fortement dilaté, les dents pareilles à une tenaille d'ivoire, le teint brun, et de ces yeux dont l'expression terrible n'appartient, en France, qu'aux hommes d'Avignon et de Nîmes, et en Italie, qu'aux montagnards des Abruzzes, descendants de ces Samnites que les Romains eurent tant de peine à vaincre, ou de ces Marses qu'ils ne vainquirent jamais.

Quant à son caractère, c'était celui qui pousse en général les hommes bilieux aux querelles sans cause. Aussi, du temps qu'il était marin, — frère Pacifique avait commencé par être marin, et nous dirons plus tard à quelle occasion il quitta le service du roi pour celui de Dieu; — aussi, du temps qu'il était marin, il était bien rare que frère Pacifique, qui se nommait alors François Esposito, son père ayant oublié de le reconnaître et sa mère n'ayant pas cru devoir se donner la peine de le nourrir (1); il était bien rare, disons-nous, qu'un jour se passât sans que frère Pacifique en vînt aux mains, soit à bord de son bâtiment avec quelques-uns de ses camarades, soit place du Môle, soit strada dei Pilieri, soit à Santa-Lucia, avec quelque camorriste ou quelque guappo qui prétendait avoir sur la terre les mêmes droits que le susdit Francesco Esposito prétendait avoir sur l'Océan ou sur la Méditerranée.

Francesco Esposito avait, comme matelot à bord de *la Minerve*, commandée par l'amiral Caracciolo, fait partie de l'expédition de Toulon, en bon allié des royalistes français qu'il était, et avait prêté main-forte à ceux-ci, lorsque, Toulon vendu aux Anglais, ils avaient pris leur revanche sur les jacobins. Il avait, il est vrai, été rigoureusement puni de cette complicité par l'amiral Caracciolo, qui n'entendait point que l'entente cordiale fût poussée jusqu'à l'assassinat ; mais, au lieu que cette punition l'eût guéri de sa haine pour les sans-culottes, elle n'avait fait, au contraire, que la redoubler ; de sorte que la seule vue d'un homme qui, adoptant les modes nouvelles, avait fait sur l'autel de la patrie le sacrifice de sa queue et

---

(1) On nomme, à Naples, du nom d'*esposito* ou exposé, tout enfant abandonné par ses parents et confié à l'hospice de l'*Annunziata*, qui est l'établissement des enfants trouvés de Naples.

de sa culotte pour adopter la titus et les pantalons, le faisait entrer dans des convulsions qui, au moyen âge, eussent nécessité l'emploi de l'exorcisme.

Au milieu de tout cela, François Esposito était resté excellent chrétien ; il n'eût jamais manqué de faire, matin et soir, sa prière. Il portait sur sa poitrine la médaile de la Vierge que sa mère y avait attachée avant de l'introduire dans le tour des enfants trouvés, mais à laquelle elle s'était bien gardée de faire aucune marque qui pût laisser au jeune Esposito l'espérance d'être réclamé un jour. Tous les dimanches où il lui était permis d'aller à Toulon, il écoutait la messe avec une dévotion exemplaire, et pour tout l'or du monde il ne fût point sorti de l'église pour aller vider au cabaret, avec ses camarades, la bouteille de vin rouge de Lamalgue, ou la bouteille de vin blanc de Cassis, avant d'avoir vu rentrer le prêtre à la sacristie ; ce qui n'empêchait point que cette opération de vider la bouteille au liquide blanc ou rouge, ne s'opérât jamais sans que l'on eût à enregistrer, sur la liste des cicatrices amicales, quelques égratignures plus ou moins larges, quelques piqûres plus ou moins profondes, résultats de ces duels au couteau, si fréquents dans la classe interlope à laquelle François Esposito appartenait et pour laquelle l'homicide n'est qu'un geste.

On sait comment se termina le siége ; ce fut d'une façon fort inattendue. Une nuit, Bonaparte s'empara du petit Gibraltar; le lendemain, on prit les forts de l'Aiguillette et de Balaguier, dont on tourna immédiatement les canons contre les vaisseaux anglais, portugais et napolitains. Il n'y avait plus même à essayer de se défendre. Caracciolo, maître de sa frégate comme un cavalier de son cheval, ordonna de couvrir *la Minerve* de toile depuis ses basses voiles jusqu'à ses cacatois. François Esposito un des plus habiles et des plus vigoureux matelots, fut envoyé dans les œuvres hautes de la frégate pour déployer la voile de perroquet. Il venait, malgré un roulis assez fort, de s'acquitter de cette manœuvre à la plus grande satisfaction de son capitaine, lorsqu'un boulet français coupa, à un demi-mètre du mât la vergue sur laquelle ses deux pieds reposaient. La secousse lui fit perdre l'équilibre, mais il se retint des deux mains à la voile flottante, où il demeura suspendu à la force des poignets. La situation était précaire; François sentait la voile se déchirer peu à peu : en s'élançant, il pouvait profiter du moment où le roulis lui permettait de choir à la mer, et il avait, dans ce cas, cinquante chances sur cent de se sauver ; en attendant, au contraire, que la voile se déchirât tout à fait, il pouvait tomber sur le pont, et alors il avait quatre-vingt-dix-neuf chances sur une de se casser les reins. Il s'arrêta au premier parti, c'est-à-dire à celui qui lui offrait cinquante chances bonnes contre cinquante mauvaises, et, afin de faire passer les mauvaises du côté des bonnes, il fit vœu, à son patron saint François, de dépouiller — s'il en revenait — l'habit de marin, et de revêtir celui de moine. Or, le capitaine, qui, au bout du compte, tenait à Esposito, malgré sa mauvaise tête, attendu que c'était un de ses meilleurs marins, avait fait signe à une chaloupe de s'approcher et de se tenir prête à secourir Esposito. Celui-ci, précipité d'une hauteur de soixante pieds, tomba à trois mètres de la chaloupe, de sorte que, au moment où il remontait sur l'eau, quelque peu étourdi de sa chute, il n'eut qu'à choisir entre les mains et les avirons étendus vers lui. Il préféra les mains comme étant plus solides, saisit les premières qu'il trouva à sa portée, fut hissé hors de l'eau, et réintégré à bord, où Caracciolo s'empressa de lui faire son compliment sur la façon dont il exécutait les exercices de voltige; mais Esposito écouta les compliments de son capitaine d'un air distrait; et, comme celui-ci voulut bien s'enquérir du motif de sa distraction, il lui fit part du vœu qu'il avait fait, affirmant qu'il était certain qu'il lui arriverait malheur en ce monde ou dans l'autre, s'il n'accomplissait pas ce vœu, même par une circonstance indépendante de sa volonté. Caracciolo, qui ne voulait point avoir à se reprocher la perte de l'âme d'un si bon chrétien, promit à Esposito qu'aussitôt son retour à Naples, il lui donnerait son congé dans toutes les formes, mais à une condition : c'est que, le lendemain du jour où il aurait prononcé ses vœux, et où, par conséquent, il ferait partie de l'ordre, il viendrait le voir à bord de *la Minerve* avec son nouvel uniforme, et recommencerait, avec son froc, le même saut qu'il avait fait en costume de marin ; bien entendu que la même chaloupe et les mêmes hommes seraient là pour lui prêter assistance à la seconde chute, comme ils avaient fait à la première. Esposito était dans un moment de foi ; il répondit qu'il avait une telle confiance dans l'aide de son saint patron, qu'il n'hésitait point à accepter la condition et à renouveler l'épreuve ; sur quoi, Caracciolo ordonna qu'on lui administrât deux rations d'eau-de-vie, et l'envoya se coucher dans son hamac, en le dispensant de tout service pendant vingt-quatre heures. Esposito remercia son capitaine, se laissa glisser par les écoutilles, avala la double ration d'eau-de-vie, et s'endormit, malgré le carillon infernal que faisaient les trois forts français, tirant à la fois sur la ville et sur les trois escadres alliées, lesquelles se hâtèrent de sortir du port à la lueur de l'incendie de l'arsenal, auquel les Anglais, en se retirant, avaient mis le feu.

Malgré les boulets français qui la poursuivirent en sortant de la rade, malgré la tempête qui l'accueillit après en être sortie, la frégate *la Minerve*, bravement conduite par son capitaine, regagna Naples sans trop d'avaries, et, une fois arrivé, fidèle à sa promesse, Caracciolo signa le congé de François Esposito, en lui imposant de vive voix, et sur sa parole de marin, les conditions qu'il lui avait prescrites, et que celui-ci promit d'accomplir.

François Caracciolo, devenu amiral, comme nous croyons l'avoir dit, à la suite de cette même expédition de Toulon, avait complétement oublié Esposito, son congé et les conditions auxquelles ce congé avait été accordé, lorsque, le 4 octobre 1794, jour de la Saint-François, se trouvant à bord de sa frégate pavoisée et tirant des salves d'honneur pour la fête du prince héréditaire, qui, lui aussi, se nommait François, il vit une douzaine de barques pleines de capucins, avec croix et bannières, se détacher du rivage, et, comme si elles étaient dirigées par un capitaine expérimenté, s'avancer en bon ordre vers *la Minerve*, en chantant de cette voix nasillarde particulière à l'ordre de Saint-François, les litanies des saints. Un instant, il put croire qu'il s'agissait d'un abordage, et se demandait s'il ne devait pas faire battre le branle-bas de combat, lorsque ces deux mots coururent du mât de misaine au mât d'artimon, sur les bouches des matelots montés dans les haubans pour voir cet étrange spectacle :

— Francesco Esposito ! Francesco Esposito !

Caracciolo commença à comprendre ce dont il était question, et, jetant les yeux sur la flottille enfroquée, il reconnut en effet, dans la première barque, c'est-à-dire dans celle qui avait l'air de conduire et de commander les autres, Francesco Esposito, qui, revêtu de la robe de capucin, faisait d'une voix de tonnerre sa partie dans ce concert pieux et chantait à tue-tête les louanges de son saint patron.

La barque qui portait Esposito s'arrêta par humilité à l'échelle de bâbord ; mais Caracciolo lui fit donner par son lieutenant l'ordre de passer à tribord, et alla attendre le néophyte en haut de l'escalier d'honneur.

Esposito monta seul, et, arrivé sur le dernier degré, il fit le salut militaire en disant ces seuls mots :

— Me voilà, mon amiral, je viens acquitter ma parole.

— C'est d'un bon marin, dit Caracciolo, et je te remercie, en mon nom et au nom de tous tes camarades, de ne pas l'avoir oubliée ; cela fait honneur à la fois aux capucins de Saint-Éphrem et à l'équipage de *la Minerve*; mais, avec ta permission, je me contenterai de ta bonne volonté, qui, je l'espère, sera aussi agréable à Dieu qu'elle l'est à moi.

Mais Esposito, secouant la tête :

— Excusez, mon amiral, dit-il; mais cela ne peut pas se passer comme cela.

— Pourquoi donc, si cela me satisfait ainsi ?

— Votre Excellence ne voudrait pas faire un pareil tort à notre pauvre couvent et m'ôter, à moi, la chance d'être canonisé après ma mort ?

— Explique-toi.

— Votre Excellence, je dis que c'est un grand triomphe pour les capucins de Saint-Éphrem que ce qui va se passer aujourd'hui.

— Je ne comprends pas.

— C'est cependant clair comme l'eau du Lion, mon amiral, ce que je vous dis là. Il n'y a pas dans les cent couvents de tous les ordres qui peuplent Naples, un seul moine, à quelque règle qu'il appartienne, qui soit capable de faire ce que mon vœu m'oblige de faire aujourd'hui.

— Ah! pour cela, j'en suis sûr, dit Caracciolo en riant.

—. Eh bien, de deux choses l'une, mon amiral ou je me noie et je suis un martyr, ou j'en réchappe et je suis un saint. Dans l'un et l'autre cas, j'assure la suprématie de mon ordre sur tous les autres, et je fais la fortune du couvent.

— Oui; mais, si je ne veux pas, moi, qu'un brave garçon comme toi s'expose à se noyer, et si je m'oppose à ce que l'expérience s'accomplisse?

— Eh! nom d'un diable, mon amiral, n'allez pas faire une pareille chose! En voyant leur spéculation manquée, ils croiraient que c'est moi qui ai demandé grâce, et ils me fourreraient dans quelque *in pace*.

— Mais tu tiens donc bien à devenir moine?

— Je ne tiens pas à le devenir, mon amiral; depuis hier, je le suis, et l'on m'a même donné des dispenses de trois semaines pour mon noviciat, afin que le saut périlleux se fasse le jour de Saint-François. Vous comprenez, cela donne plus de solennité à la chose et plus d'émulation au patron.

— Et que te reviendra-t-il du saut que tu vas exécuter?

— Oh! j'ai fait mes conditions.

— Tu as au moins, je l'espère, demandé d'être supérieur?

— Oh! pas si bête, mon amiral!

— Merci.

— Non; j'ai demandé et obtenu la place de frère quêteur. Il y a de la distraction dans l'emploi. Si j'avais été obligé de m'enfermer dans le couvent avec tous ces imbéciles de moines, je serais mort d'ennui, Votre Excellence comprend bien. Mais le frère quêteur n'a pas le temps de s'ennuyer ; il court dans tous les quartiers de Naples, depuis la Marinella jusqu'au Pausilippe, depuis le Vomero jusqu'au môle ; puis on rencontre des amis sur le port, et l'on boit un verre de vin que personne ne paye.

— Comment ! que personne ne paye ? Esposito, mon ami, il me semble que tu t'égares.

— Au contraire, je suis le droit chemin.

— Est-ce que les commandements de Dieu ne disent pas : « Le bien d'autrui tu ne prendras ?... «

— Est-ce que le cordon de Saint-François n'est pas là, mon amiral ? Est-ce que tout ce qui touche ce bienheureux cordon n'est point la *roba* du moine ? On touche une carafe, deux carafes, trois carafes ; on offre une prise de tabac au marchand de vin, sa manche à baiser à la marchande, et tout est dit.

— C'est vrai ; je ne me rappelais pas ce privilége.

— Et puis, mon amiral, continua Esposito d'un air satisfait de lui-même, Votre Excellence doit remarquer que l'on n'a point trop mauvaise mine sous la robe ; moins bonne mine, je le sais, que sous l'uniforme ; mais, enfin, il en faut pour tous les goûts, et, si je crois ce que l'on dit dans le couvent...

— Eh bien ?

— Eh bien, mon amiral, on dit que les moines de Saint-François, et surtout les capucins de Saint-Éphrem, ne font pas maigre tous les jours où le maigre est ordonné par l'almanach.

— Veux-tu te taire, impie! si tes confrères t'entendaient...

— Ah! bon! ils en disent bien d'autres, par notre saint patron! c'est-à-dire qu'il y a des moments où j'en arrive à croire que c'était du temps que je servais dans la marine que j'étais au couvent, et que c'est depuis mon entrée au couvent que je suis marin; mais je m'aperçois qu'ils s'impatientent, mon amiral. Oh! ce n'est pas pour eux, ce que j'en dis; mais voyez sur le quai.

L'amiral regarda dans la direction indiquée par Esposito, et, en effet, il vit le môle, le quai, les fenêtres de la rue del Piliero, encombrés de spectateurs qui, prévenus de ce qui allait se passer, s'apprêtaient à applaudir au triomphe des capucins de Saint-Éphrem sur les moines des autres ordres.

— Soit! dit Caracciolo, je vois bien qu'il faut que j'en passe par où tu veux. Allons, vous autres, cria-t-il, préparez le canot.

Et, comme il vit que l'on allait exécuter ses ordres

avec cette promptitude particulière aux manœuvres de la marine :

— Et toi, demanda-t-il à Esposito, de quel côté comptes-tu faire le saut ?

— Mais du même côté que je l'ai déjà fait : à bâbord ; cela m'a trop bien réussi. D'ailleurs, c'est le côté du quai. Il ne faut pas voler tous ces braves gens qui sont venus pour voir le spectacle.

— Va pour bâbord. Le canot à bâbord, enfants !

Le canot avec quatre rameurs, le maître et deux hommes de surcharge, se trouva à la mer au moment où Caracciolo achevait son commandement.

Alors, l'amiral, pensant qu'il fallait donner à ce spectacle populaire toute la solennité dont il était susceptible, prit son porte-voix et cria :

— Tout le monde sur les vergues !

Au bruit du sifflet du contre-maître, on vit alors deux cents hommes s'élancer d'un seul bond, monter dans les agrès comme une troupe de singes et se ranger sur les vergues, depuis les plus basses jusqu'aux plus hautes, tandis qu'au son du tambour les soldats de marine se rangeaient en bataille sur le pont faisant face au quai.

Les spectateurs, on le pense bien, ne demeurèrent pas indifférents à tous ces préparatifs, qui s'exécutaient, en manière de prologue du grand drame qu'ils étaient venus voir représenter. Ils battirent des mains, agitèrent leurs mouchoirs, et crièrent selon qu'ils étaient plus ou moins dévôts au fondateur de l'ordre des capucins, les uns : *Vive saint François*, les autres : *Vive Caracciolo!*

Caracciolo, il faut le dire, était à Naples presque aussi populaire que saint François.

Les douze barques qui avaient amené les capucins formèrent alors un grand hémicycle, s'allongeant de la poupe à la proue de *la Minerve*, réservant un grand espace vide entre elles et la carène du bâtiment.

Caracciolo jeta alors les yeux sur son ancien marin, et, le voyant parfaitement résolu :

— Cela va toujours? dit-il.

— Plus que jamais, mon amiral! répondit celui-ci.

— Tu ne veux pas ôter ta robe et ton cordon? Ce serait toujours une chance de plus.

— Non, mon amiral; car il faut que ce soit le moine qui accomplisse le vœu du marin.

— Tu n'as pas de recommandations à me faire, dans le cas où les choses tourneraient mal?

— Dans ce cas, Excellence, je vous prierais d'être assez bon de faire dire une messe pour le repos de mon âme. Ils m'ont promis d'en dire des centaines; mais je les connais, mon amiral. Moi mort, il n'y en a pas un qui remuerait le bout du doigt pour me tirer du purgatoire.

— Je t'en ferai dire non pas une, mais dix.

— Vous me le promettez ?

— Foi d'amiral !

— C'est tout ce qu'il faut. A propos, mon commandant, faites-les dire, s'il vous plait, car je présume que la chose vous sera indifférente, non pas au nom d'Esposito, mais à celui de frère Pacifique. Il y a tant d'*Esposti* à Naples, que mes messes seraient escroquées au passage, et que le bon Dieu ne s'y reconnaîtrait pas.

— Tu t'appelles donc fra Pacifico, maintenant?

— Oui, mon amiral ; c'est un frein que j'ai voulu me donner à moi-même contre mon ancien caractère.

— N'as-tu pas peur, au contraire, que, sous ce nouveau nom, Dieu, qui n'a pas encore eu le temps de t'apprécier, ne te reconnaisse pas?

— Alors, mon amiral, saint François, dont je vais glorifier le nom, sera là pour me montrer du doigt, puisque c'est sous sa robe et ceint de son cordon que je serai mort.

— Qu'il soit donc fait comme tu voudras ; en tout cas, comptes sur tes messes.

— Oh ! du moment que l'amiral Caracciolo dit :

« Je ferai, » répliqua le moine, c'est plus sûr que si un autre disait : « J'ai fait. » Et maintenant, quand vous voudrez, mon amiral.

Caracciolo vit qu'en effet le moment était arrivé.

— Attention! cria-t-il d'une voix qui fut entendue non-seulement de toutes les parties du bâtiment, mais encore de tous les points de la plage.

Puis le contre-maître tira de son sifflet d'argent un son aigu suivi d'une modulation prolongée.

Cette modulation n'était pas encore éteinte, que fra Pacifico, sans être le moins du monde embarrassé par sa robe de moine, s'était élancé dans les haubans de tribord, afin de faire face au public, et, avec une agilité qui prouvait que son noviciat de moine ne lui avait rien enlevé de sa dextérité de matelot, atteignait la grande hune, se glissait à travers son ouverture, s'élançait vers la petite hune, puis, sans s'y arrêter, passait de celle-ci sur les barres de perroquet, et, enthousiasmé par les cris d'encouragement qui partaient de tous côtés à la vue d'un moine voltigeant dans les cordages, montait jusqu'aux cacatois, ce qui était plus qu'il n'avait promis, et, sans hésitation, sans retard, se contentant de crier : « Que saint François me soit en aide! » s'élançait dans la mer.

Un grand cri sortit de toutes les bouches. Le spectacle, qui, pour beaucoup de ceux qu'il avait rassemblés, promettait de n'être que grotesque, avait pris ce caractère grandiose que revêt toujours une action où la vie de l'homme est en jeu, quand cette action est bravement exécutée par le joueur. Aussi, à ce cri, auquel se mêlaient la terreur, la curiosité et l'admiration, succéda le silence de l'angoisse, chacun attendant la réapparition du plongeur, et tremblant que, comme celui de Schiller, il ne restât sous les eaux.

Trois secondes, qui parurent trois siècles aux spectateurs, s'écoulèrent sans que le moindre bruit troublât ce silence. Puis on vit la vague, encore agitée par la chute de fra Pacifico, se fendre de nouveau pour laisser apparaître la tête rasée du moine, qui, à peine hors de l'eau, fit entendre d'une voix formidable ce cri de louange et de reconnaissance :

— Vive saint François !

A peine le moine avait-il reparu sur l'eau, que, d'un seul coup d'aviron, les quatre rameurs l'avaient rejoint. Les deux hommes dont les mains étaient libres le prirent chacun par un bras et le tirèrent glorieusement hors de la mer. Les capucins qui chargeaient les barques entonnèrent d'une seule voix le *Te Deum laudamus*, tandis que les matelots de l'équipage poussaient trois hourras et que les spectateurs du môle, du quai, des fenêtres applaudissaient avec cette frénésie qui, à Naples, accompagne les triomphes, quels qu'ils soient, mais qui s'élève à des proportions fantastiques quand une question religieuse est, par ce triomphe, résolue en l'honneur de quelque madone en vogue, ou de quelque saint en renom.

XXVIII

LA QUÊTE

Inutile de dire, après ce que nous venons de raconter, que les capucins de Saint-Éphrem devinrent les moines à la mode et leur couvent le couvent en renom.

Quant à fra Pacifico, il fut, depuis ce moment, le héros du populaire de Naples. Pas un homme, pas une femme, pas un enfant qui ne le connût et qui ne le tînt, sinon pour un saint, du moins pour un élu.

Aussi la quête se ressentit-elle bientôt de la popularité du frère quêteur. Il avait d'abord accompli cette opération comme ses confrères des autres ordres mendiants, avec une besace à l'épaule. Mais, au bout d'une heure de perlustration dans les rues de Naples, la besace déborda; il en prit deux, et la seconde déborda au bout d'une autre heure; si bien que fra

Pacifico déclara un jour, en rentrant, que, s'il avait un âne et s'il pouvait étendre ses courses jusqu'au Vieux-Marché, jusqu'à la Marinella et jusqu'à Santa-Lucia, il rapporterait le soir au couvent la charge de son âne de fruits, de légumes, de poissons, de viandes, de victuailles de toute espèce enfin, et cela, de premier choix et de qualité supérieure.

La demande fut prise en considération ; la communauté se réunit, et, après une courte délibération entre les fortes têtes du couvent, délibération où les mérites de fra Pacifico furent pleinement reconnus, on vota l'âne à l'unanimité. Cinquante francs furent consacrés à l'achat de l'animal, que fra Pacifico reçut l'autorisation de choisir à sa guise.

La délibération avait été prise un dimanche. Fra Pacifico ne perdit point de temps ; dès le lendemain lundi, c'est-à-dire le premier des trois jours où se tient le marché de bestiaux à Naples, — les deux autres sont le jeudi et le samedi, — fra Pacifico se rendit à la porte Capuana, lieu du marché, et arrêta son choix sur un vigoureux *ciuccio* (1) des Abruzzes.

Le marchand le lui fit cent francs, et il est juste de dire que le prix n'était point exagéré ; mais fra

(1) Nom populaire des ânes à Naples. — Inutile de dire que les imbéciles ont le privilége de partager ce nom.

Pacifico déclara à l'ânier qu'en vertu des priviléges de son ordre, qui devaient être bien connus d'un bon chrétien comme lui, il n'avait qu'à poser son cordon sur le dos de l'âne en disant : *Saint François*, et qu'à partir de ce moment, l'âne appartiendrait à saint François et, par conséquent, à lui, fra Pacifico, son délégué, et cela, sans avoir aucunement besoin de donner les cinquante francs qu'il offrait bénévolement. Le marchand reconnut la vérité des arguments du moine et la légitimité des droits de son patron ; seulement, comme il lui paraissait que l'honneur qu'avait son âne de passer au service de saint François ne compensait pas les cinquante francs que cet honneur lui faisait perdre, il essaya de dégoûter fra Pacifico de son choix, lui disant qu'il lui conseillait, en ami, de se rabattre sur tout autre, l'animal qu'il avait choisi ayant le fâcheux avantage de réunir en lui tous les défauts de la race à laquelle il appartenait : étant gourmand, entêté, luxurieux, rétif, se roulant à tout propos, ruant à tout bout de champ, ne pouvant souffrir aucun poids sur son dos, et n'étant bon en somme qu'à la reproduction ; si bien que, pour lui donner un nom qui offrît à la première audition le catalogue de tous les vices dont le malheureux animal était doué, il avait, après y avoir réfléchi, cru devoir l'appeler *Giacobino*, seul nom dont il fût digne et qui fût digne de lui.

Inutile de dire que *Giacobino*, traduit en français, donne pour résultante *Jacobin*.

Fra Pacifico jeta un cri de joie. De temps en temps, le vieil homme reparaissait en lui, et il était pris du besoin de quereller, de jurer, de frapper, comme au temps où il était marin. Un âne rétif s'appelant *Jacobin!* c'était tout simplement le salut de son âme qu'il rencontrait au moment où il s'en doutait le moins. Avec un animal si vicieux, les occasions légitimes de se mettre en colère ne lui manqueraient plus, et, quand sa colère aurait besoin de se traduire en actions au lieu de se répandre en paroles, il saurait au moins sur qui frapper! Ainsi tout était pour le mieux dans le meilleur des mondes possibles! jusqu'au nom caractéristique donné à l'animal par son propriétaire.

En effet, tout le monde connaissait à Naples la haine que frère Pacifique portait au seul nom de *jacobin*. En attaquant, en insultant, en maudissant l'animal par son nom, il attaquait, il insultait, il maudissait la secte tout entière, laquelle faisait — si l'on en croyait les têtes tondues et les pantalons de toutes les couleurs qui allaient chaque jour augmentant par les rues, — laquelle faisait tous les jours les progrès les plus inquiétants à Naples. Le choix de fra Pacifico était donc fixé sur Jacobin, et plus on en disait de mal, plus on l'affermissait dans son choix.

Avec le droit bien reconnu qu'avait le moine de jeter son cordon sur le dos de l'âne, et, par ce seul acte, de le confisquer à son profit, il n'y avait pas moyen au marchand de se montrer difficile sur le prix ; il consentit donc à recevoir les cinquante francs offerts par fra Pacifico, craignant de ne rien recevoir du tout, et, en échange des dix piastres à l'effigie de Charles III, sur lesquelles fra Pacifico se fit rendre quatre-vingt-seize grains, la piastre valant douze carlins et huit grains, l'animal devint la propriété du couvent, ou plutôt la sienne.

Mais, soit sympathie pour son ancien maître, soit antipathie pour le nouveau, l'animal parut résolu à donner, séance tenante, à fra Pacifico, le prospectus des mauvaises qualités dont le vendeur avait fait l'énumération.

Le cheval, dit la loi napolitaine, doit être vendu avec sa bride, et l'âne avec sa longe.

En conséquence de cet axiome de droit, Giacobino avait été non-seulement vendu, mais livré avec sa longe. Fra Pacifico prit donc l'animal par la longe et se mit à tirer en avant. Mais Giacobino s'arc-bouta sur ses quatre pieds, et rien ne put le déterminer à prendre le chemin de l'Infrascata. Après quelques efforts qui furent inutiles, et qui pouvaient porter atteinte à l'influence de saint François, fra Pacifico résolut de recourir aux grands moyens. Il se rappela que, du temps qu'il était marin, il avait vu, sur les côtes d'Afrique, les chameliers conduire leurs chameaux avec une corde passée dans la cloison du nez. Il tira son couteau de la main droite, pinça les narines de Giacobino de la main gauche, incisa la cloison nasale, et, avant même que l'âne, qui ne pouvait se douter de l'opération à laquelle il allait être soumis, eût même songé à y mettre opposition, la corde était passée par l'ouverture, et Giacobino bridé par le nez, au lieu de l'être par la bouche; l'animal voulut poursuivre sa résistance et tira de son côté, mais fra Pacifico tira du sien. Jacobin poussa un hennissement de douleur, jeta un regard désespéré à son ancien maître, comme pour lui dire : « Tu vois, j'ai fait ce que j'ai pu, » et suivit fra Pacifico au couvent de Saint-Éphrem, avec la même docilité qu'un chien en laisse.

Là, l'ayant enfermé dans une espèce de cellier qui devait lui servir d'écurie, fra Pacifico alla au jardin, choisit un pied de laurier qui tenait le milieu entre le bâton de Roland le Furieux et la massue d'Hercule ; il le coupa d'une longueur de trois pieds et demi, l'écorça, lui laissa passer deux heures sous les cendres chaudes, et, armé de ce caducée d'une nouvelle espèce, il rentra dans le cellier et ferma la porte derrière lui.

Ce qui se passa alors entre Jacobin et frère Pacifique resta un secret entre l'homme et l'animal ; mais, le lendemain, frère Pacifique, son bâton au poing et Jacobin ses paniers sur le dos, sortirent côte à côte, comme deux bons amis ; seulement, la peau de Jacobin, lisse et luisante la veille, aujourd'hui meurtrie, fendue et ensanglantée en différents endroits, témoignait que cette amitié ne s'était pas consolidée sans quelque protestation de la part de Jacobin et sans une insistance obstinée de la part de fra Pacifico.

Comme celui-ci s'y était engagé, il étendit le cercle de sa course au Vieux-Marché, au quai, à Santa-Lucia, et revint le soir ramenant Jacobin porteur d'une telle charge de chair, de poisson, de gibier, de fruits et de légumes, que la communauté, abondamment pourvue, put du superflu faire une vente, et établir à la porte même du couvent, trois fois par semaine, un petit marché, où désormais s'approvisionnèrent les âmes dévotes et les estomacs pieux de la rue de l'Infrascata et de la salita dei Capuccini.

Il y avait près de quatre ans que les choses marchaient ainsi, et que fra Pacifico et son ami vivaient dans une bonne intelligence que jamais Jacobin n'avait plus essayé de rompre, lorsque tous deux, comme c'était leur habitude trois fois la semaine, sortirent du couvent et descendirent cette pente qui a donné son nom à la rue, Jacobin marchant devant, ses paniers vides sur le dos, et fra Pacifico le suivant, son bâton de laurier à la main.

Dès les premiers pas que le moine et l'âne firent dans la rue de l'Infrascata, l'homme le plus étranger aux mœurs de Naples eût pu reconnaître la popularité dont ils jouissaient tous deux : l'âne, auprès des enfants, qui lui apportaient à pleines mains des fanes de carotte et des feuilles de chou que Jacobin dévorait avec une visible satisfaction tout en marchant, et fra Pacifico, auprès des femmes, qui lui demandaient sa bénédiction, et des hommes, qui lui demandaient des numéros pour mettre à la loterie.

Il faut dire, à la louange de Jacobin et de frère Pacifique, que, si Jacobin acceptait tout ce qu'on lui offrait, frère Pacifique ne refusait rien de ce qui lui était demandé et donnait libéralement bénédiction et numéros, mais sans plus garantir l'efficacité des unes que la bonté des autres. De temps en temps, une dévote, plus démonstrative que ses compagnes, se jetait à genoux devant le moine. Si elle était jeune et jolie, fra Pacifico lui donnait le dessous de sa manche à baiser, ce qui lui permettait de lui caresser le menton, petite sensualité à laquelle il n'était point indifférent. Si elle était vieille et laide, au contraire, il se contentait de lui abandonner son cordon, qu'elle pouvait tirer et baiser à satiété. Mais elle devait s'arrêter au cordon, toute autre faveur lui étant impitoyablement refusée.

Dans les premiers jours de la quête, et quand il en était à la période primitive de la besace, en récompense de ses bénédictions et de ses numéros, les habitants de la rue de l'Infrascata, de la strada dei Studi, del largo Spirito-Santo, de Porta-Alba et des autres quartiers qu'il avait l'habitude de parcourir, avaient offert de payer les bontés que fra Pacifico avait pour eux avec des fruits, des légumes, du pain, de la viande et même du poisson, quoique le poisson monte rarement jusqu'aux hauteurs où sont situées les rues que nous venons de citer, — et fra Pacifico avait accepté. La besace n'était pas fière ; mais il avait remarqué que toutes les denrées offertes par les gens habitant des maisons éloignées des quartiers marchands étaient de second choix, et c'était surtout ce qui l'avait fait insister pour avoir un âne. Une fois l'âne acheté, fra Pacifico avait poussé jusqu'aux endroits où se trouvait la fleur de toute chose, et avait complétement dédaigné les productions ou les offrandes des quartiers intermédiaires.

Nous ne voulons pas dire que les maraîchers du Vieux-Marché, que les bouchers du vico Rotto, les pêcheurs de la Marinella et les fruitiers de Santa-Lucia, dont fra Pacifico écrémait les plus beaux produits, n'eussent pas autant aimé que le moine commençât sa récolte au sortir du couvent, et que ses paniers, au lieu de leur venir complétement vides, arrivassent aux deux tiers, ou tout au moins à moitié pleins. Plus d'une fois, en l'apercevant, les marchands avaient essayé de dissimuler quelque belle pièce qu'ils voulaient garder pour de riches pratiques ; mais fra Pacifico avait un flair admirable pour découvrir toute fraude. Il allait droit à l'objet qu'on essayait de lui dérober, et, si on ne lui offrait pas le susdit objet de bonne volonté, le cordon de Saint-François faisait son office. Or, pour éviter toutes ces petites chicanes, fra Pacifico en était arrivé à ne plus attendre qu'on lui donnât : il touchait de son cordon, prenait et tout était dit. Et les marchands, qui, du temps de Masaniello, s'étaient révoltés pour un impôt que le duc d'Arcos avait voulu mettre sur les fruits, supportaient, non pas joyeusement, mais du moins patiemment cette dîme, que le quêteur du couvent de Saint-Éphrem prélevait sur tous leurs produits; si bien que jamais l'idée n'était venue à aucun de se révolter contre cette tyrannie. Si fra Pacifico, son choix fait, voyait quelques traces de mécontentement sur le visage de celui à qui il faisait l'honneur de s'adresser, il tirait de sa poche une tabatière de corne étroite et profonde comme un étui, offrait une prise au marchand lésé dans ses intérêts, et il était rare que cette faveur particulière ne ramenât point le sourire sur les lèvres de ce dernier. Si cette attention était insuffisante, fra Pacifico, qui, malgré le nom qu'il s'était imposé, avait été toujours facile à remuer, de bronzé qu'il était, devenait couleur de cendre; ses yeux lançaient un double éclair, son bâton de laurier résonnait sur le *lastrico*, et, à cette triple démonstration, il n'était jamais arrivé que la bonne humeur ne reparût pas immédiatement sur le visage du mauvais catholique qui ne se trouvait pas trop heureux de faire à saint François l'hommage de son oie la plus grasse, de son melon le plus savoureux, de son entre-côte la plus tendre ou de son poisson le plus luisant.

Ce jour-là, comme d'habitude, fra Pacifico descendit donc sans s'arrêter autrement que pour donner sa bénédiction et la manche de sa robe à baiser, et indiquer des ambes, des ternes, des quaternes et des quines aux joueurs de loterie, à travers ce dédale de petites rues qui s'étend de la Vicaria à la strada Egiziaca-a-Foriella ; arrivé là, il prit la via Grande, le vico Berrettari et déboucha sur la place du Vieux-Marché juste derrière la petite église de la Sainte-Croix, dont les prêtres conservent, non point par vénération, mais pour en faire montre, le billot blasonné sur lequel Coradino et le duc d'Autriche eurent la tête tranchée par le duc d'Anjou, ce roi au visage basané, qui, dit Villani, « dormait peu et ne riait jamais. »

L'église dépassée, fra Pacifico se trouvait dans un nouveau pays.

Véritable pays de Cocagne, où le règne animal et le règne végétal sont confondus, où grognent les cochons, où gloussent les poules, où nasillent les oies, où chantent les coqs, où glougloutent les dindons, où cancanent les canards, où roucoulent les pigeons, où, près du faisan mordoré de Capodimonte, du lièvre de Persano, des cailles du cap Misène, des perdrix d'Acerra, des grives de Bagnoli, sont étalées à terre les bécasses des marais de Lincola et les sarcelles du lac d'Agnano; où des montagnes de choux-fleurs et de broccolis, des pyramides de pastèques et de melons d'eau, des murailles de fenouil et de céleri dominent des couches de péperones écarlates, de tomates cramoisies, au milieu desquelles s'arrondissent des corbeilles de ces petites figues violettes du Pausilippe et de Pouzzoles dont Naples, pendant un an, grava l'effigie sur sa monnaie comme le symbole de son éphémère liberté.

C'était au milieu de ces richesses que fra Pacifico moissonnait tous les deux jours à pleins paniers.

Le moine leva sa dîme accoutumée; mais, tout en la levant, il lui sembla qu'une grande préoccupation planait ce jour-là sur la place. Les marchands causaient ensemble; les femmes chuchotaient tout bas; les enfants faisaient des amas de pierres, et, contre toute habitude, à quelque marchand que fra Pacifico s'adressât, celui-ci ne faisait qu'une médiocre attention aux denrées, légumes, volailles, gibiers ou fruits que le frère quêteur choisissait, et dont il bourrait ses paniers; or, comme les susdits paniers étaient déjà aux deux tiers remplis, fra Pacifico pensa qu'il était temps de passer à la viande de boucherie, et il s'achemina vers San-Giovanni-al-Mare, où tenaient plus particulièrement leur commerce les *macellaï* et les *beccaï*, c'est-à-dire les bouchers et les tueurs de chèvres et de moutons, ces deux industries se côtoyant, mais cependant étant séparées à Naples. Il s'achemina donc vers la rue San-Giovanni-al-Mare, au milieu de cette incompréhensible indifférence que lui témoignait la population. Depuis son entrée au

Vieux-Marché, pas une femme ne lui avait demandé sa bénédiction, et pas un homme ne l'avait prié de lui dire d'avance les numéros qui gagneraient au prochain tirage de la loterie.

Qui pouvait à ce point préoccuper la population du vieux Naples?

Fra Pacifico allait sans doute le savoir, car un grand bourdonnement venait du vico del Mercato, espèce de ruelle qui donne, d'un côté, sur le Vieux-Marché, de l'autre, sur le quai, et que l'on appelait à cette époque vico dei *Sospiri-dell'abisso* (1), nom poétique que la municipalité moderne a cru devoir lui enlever et qui lui venait de ce que c'était par là que passaient les condamnés à mort, que l'on suppliciait d'habitude sur le Vieux-Marché, et qui, en entrant dans cette ruelle et voyant pour la première fois l'échafaud, poussaient presque toujours à cette vue un soupir si profond, qu'*il semblait sortir de l'abîme.*

Or, non-seulement il fallait que fra Pacifico passât par ce même vico dei Sospiri, mais encore il comptait prendre un gigot de mouton à un *beccaïo* dont la boutique faisait le coin de cette ruelle et de la rue Sant-Eligio.

(1) Ruelle des Soupirs-de-l'abîme.

Il ne pouvait donc manquer de savoir ce dont il s'agissait.

Au reste, ce devait être quelque chose d'important qui était arrivé ; car, à mesure qu'il approchait de la rue Sant-Eligio, la foule devenait plus épaisse et plus agitée ; il lui semblait entendre prononcer, d'une voix sourde et menaçante, ces mots *Français* et *jacobins*. Cependant, comme cette foule s'ouvrait devant lui avec son respect accoutumé, il ne tarda point d'arriver à la boutique où il comptait, nous l'avons dit, prendre un des sept ou huit gigots qui devaient constituer pour le lendemain le rôti de la communauté.

La boutique était encombrée d'hommes et de femmes hurlant et gesticulant comme des possédés.

— Holà, *beccaïo !* cria le moine.

La maîtresse de la maison, espèce de mégère aux cheveux gris et épars, reconnut la voix du moine, et, écartant les discuteurs à coups de poing, d'épaule et de coude :

— Venez, mon père, dit-elle ; c'est le bon Dieu qui vous envoie. Il a grand besoin de vous et du cordon de Saint-François, allez, votre pauvre *beccaïo !*

Et, donnant Jacobin à garder au garçon écorcheur, elle entraîna fra Pacifico dans la chambre du fond, où le *beccaio*, le visage fendu de la tempe à la bouche, gisait tout sanglant sur un lit.

XXIX

ASSUNTA

C'était l'accident arrivé au *beccaio* qui causait toute cette préoccupation au Vieux-Marché, et toute cette rumeur dans la rue Sant-Eligio, et dans la ruelle des Soupirs-de-l'abîme.

Seulement, comme on le comprend bien, cet accident était interprété de cent façons différentes.

Le *beccaio*, avec sa joue fendue, ses trois dents cassées, sa langue mutilée, n'avait pas pu ou n'avait pas voulu donner de grands renseignements. On avait seulement cru comprendre, aux mots *giacobini* et *Francesi*, murmurés par lui, que c'étaient les jacobins de Naples, amis des Français, qui l'avaient équipé ainsi.

Le bruit s'était, en outre, répandu qu'un autre ami du *beccaio* avait été trouvé mort sur le lieu du combat et que deux autres encore avaient été blessés, dont l'un si gravement, qu'il était mort dans la nuit.

Chacun disait son avis sur cet accident et sur ses causes; et c'était le bavardage de cinq ou six cents voix qui causait cette rumeur qu'avait entendue de loin fra Pacifico et qui l'avait attiré vers la boutique du tueur de moutons.

Seul, un jeune homme de vingt-six ou vingt-huit ans, appuyé au chambranle de la porte, demeurait pensif et muet. Seulement, aux différentes conjectures qui étaient émises et particulièrement à celle-ci que le *beccaïo* et ses trois camarades avaient été, en revenant de faire un souper à la taverne de la Schiava, attaqués par quinze hommes à la hauteur de la fontaine du Lion, le jeune homme riait et haussait les épaules avec un geste plus significatif que si c'eût été un démenti formel.

— Pourquoi ris-tu et hausses-tu les épaules? lui demanda un de ses camarades nommé Antonio Avella, et que l'on appelait *Pagliucchella*, par suite de l'habitude qu'ont les gens du peuple à Naples de donner à chaque homme un surnom tiré de son physique ou de son caractère.

— Je ris parce que j'ai envie de rire, répondit le jeune homme, et je hausse les épaules parce que cela me plaît de les hausser. Vous avez bien le droit de dire des bêtises, vous; j'ai bien, moi, le droit de rire de ce que vous dites.

— Pour que tu saches que nous disons des bêtises, il faut que tu sois mieux instruit que nous.

— Il n'est pas difficile d'être mieux instruit que toi, Pagliucchella; il ne faut que savoir lire.

— Si je n'ai point appris à lire, répondit celui à qui Michele reprochait son ignorance, — car le railleur était notre ami Michele, — c'est l'occasion qui m'a manqué. Tu l'as eue, toi, parce que tu as une sœur de lait riche et qui est la femme d'un savant; mais il ne faut pas pour cela mépriser les camarades.

— Je ne te méprise point, Pagliucchella, tant s'en faut ! car tu es un bon et brave garçon, et, si j'avais quelque chose à dire, au contraire, c'est à toi que je le dirais.

Et peut-être Michele allait donner à Pagliucchella une preuve de la confiance qu'il avait en lui, en le tirant hors de la foule et en lui faisant part de quelques-uns des détails qui étaient à sa connaissance, lorsqu'il sentit une main qui s'appuyait sur son épaules et qui pesait lourdement.

Il se retourna et tressaillit.

— Si tu avais quelque chose à dire, c'est à lui que tu le dirais, fit au jeune railleur celui qui lui mettait la main sur l'épaule; mais, crois-moi, si tu sais quelque chose sur toute cette aventure, ce dont je doute, et que tu dises ce quelque chose à qui que ce soit, c'est alors que tu mériteras véritablement d'être appelé Michel *le Fou*.

— Pasquale de Simone ! murmura Michel.

— Il vaut mieux, crois-moi, continua le sbire, et c'est plus sûr pour toi, aller rejoindre à l'église de la Madone-del-Carmine, — où elle accomplit un vœu, Assunta, que tu n'as pas trouvée chez elle ce matin, absence qui te met de mauvaise humeur, — que de rester ici pour dire ce que tu n'as pas vu, et ce qu'il serait malheureux pour toi d'avoir vu.

— Vous avez raison, signor Pasquale, répondit Michele tout tremblant, et j'y vais. Seulement, laissez-moi passer.

Pasquale fit un mouvement qui laissa entre lui et le mur une ouverture par laquelle eût pu se glisser un enfant de dix ans. Michele y passa à l'aise, tant la peur le faisait petit.

— Ah ! par ma foi, non ! murmurait-il en s'éloignant à grands pas dans la direction de l'église del Carmine, sans regarder derrière lui ; par ma foi, non ! je ne dirai pas un mot, tu peux être tranquille, monseigneur du couteau ! j'aimerais mieux me couper la langue. Mais c'est qu'aussi, continua-t-il, cela ferait parler un muet, d'entendre dire qu'ils ont été attaqués par quinze hommes, quand ce sont eux, au contraire, qui se sont mis six pour en attaquer un seul. C'est égal, je n'aime pas les Français ni les jacobins; mais j'aime encore moins les sbires et les *sorici*(1), et je ne suis pas fâché que celui-là les ait un peu houspillés. Deux morts et deux blessés sur six, *viva san Gennaro!* il n'avait pas un rhumatisme dans le bras, ni la goutte dans les doigts, celui-là!

Et il se mit à rire en secouant joyeusement la tête et en dansant seul un pas de tarentelle au milieu de la rue.

Quoique l'on prétende que le monologue n'est point dans la nature, Michele, que l'on appelait Michele le Fou, justement parce qu'il avait l'habitude de parler tout seul et de gesticuler en parlant, Michel le Fou eût continué de glorifier Salvato s'il ne se fût pas trouvé, tant il allongeait le pas, poussant son éclat de rire, sur la place del Carmine, et dansant son pas de tarentelle sous le porche même de l'église.

Il souleva la lourde et sale tenture qui pend devant la porte, entra et regarda autour de lui.

L'église del Carmine, dont il nous est impossible de ne pas dire un mot en passant, est l'église la plus populaire de Naples, et sa Madone passe pour être une des plus miraculeuses. D'où lui vient cette réputation, et qui lui vaut ce respect que partagent

(1) Nom que l'on donne, à Naples, aux agents de la police secrète.

toutes les classes de la société ? Est-ce parce qu'elle renferme la dépouille mortelle de ce jeune et poétique Conradin, neveu de Manfred, et de son ami Frédéric d'Autriche ? Est-ce à cause de son Christ, qui, menacé par un boulet de René d'Anjou, baissa la tête sur sa poitrine pour éviter le boulet, et dont les cheveux poussent si abondamment, que le syndic de Naples vient, une fois l'an, en grande pompe, les lui couper avec des ciseaux d'or ? Est-ce, enfin, parce que Masaniello, le héros des lazzaroni, fut assassiné dans son cloître et y dort dans quelque coin inconnu, tant le peuple est oublieux, même de ceux qui sont morts pour lui ? Mais il n'en est pas moins vrai que, l'église del Carmine étant, comme nous l'avons dit, la plus populaire de Naples, c'est à elle que se font la plupart des vœux, et que le vieux Toméo avait fait le sien, dont nous ne tarderons point à savoir la cause.

Michele eut donc, tout d'abord, au milieu de l'église del Carmine, toujours encombrée de fidèles, quelque peine à trouver celle qu'il cherchait; cependant, il finit par la découvrir faisant dévotement sa prière au pied d'un des autels latéraux placés à main gauche en entrant.

Cet autel, tout éblouissant de cierges, était consacré à saint François.

Michele avait, selon que vous serez pessimiste ou optimiste en amour, cher lecteur, Michele avait le malheur ou le bonheur d'être amoureux. L'émeute, qu'il prévoyait et qu'il avait donnée à Nina pour raison de son départ, n'était qu'une cause secondaire. Celle qui passait avant toutes les autres était le désir de voir et d'embrasser Assunta, la fille de Basso-Tomeo, ce vieux pêcheur qui, on se le rappelle, avait, une nuit, pendant laquelle son bateau était amarré aux fondations du palais de la reine Jeanne, vu un spectre se pencher sur lui, s'assurer avec la pointe du poignard que son sommeil était de bon aloi; puis, enfin, convaincu qu'il dormait, remonter et disparaître dans les ruines.

On doit se rappeler encore que cette apparition avait causé un tel effroi au vieux pêcheur, qu'abandonnant Mergellina, et mettant, entre son ancien logement et le nouveau, la rivière de Chiaïa, Chiatamone, le château de l'Œuf, Santa-Lucia, le Castel-Nuovo, le môle, le port, la strada Nuova, et enfin la porte del Carmine, il avait transporté son domicile à la Marinella.

En vrai chevalier errant, Michele avait suivi sa maîtresse au bout de Naples : il l'eût suivie au bout du monde.

Le matin du jour auquel nous sommes arrivés,

quand il avait trouvé la porte du vieux Basso-Tomeo fermée, au lieu de la trouver ouverte comme de coutume, il n'avait pas été sans inquiétude.

Où pouvait être Assunta, et quelle cause l'avait éloignée de la maison?

Outre le doute qu'un amant a toujours sur sa maîtresse, si bien aimé qu'il se croie par elle, Michele n'était point sans avoir éprouvé quelques traverses dans ses amours.

Basso-Tomeo, vieux pêcheur, plein de la crainte de Dieu, de la vénération des saints, de l'amour du travail, n'avait point une considération bien grande pour Michele, qu'il traitait non-seulement de fou, comme tout le monde, mais encore de paresseux et d'impie.

Les trois frères d'Assunta, Gaetano, Gennaro et Luigi, étaient des enfants trop respectueux pour ne point partager les opinions de leur père à l'endroit de Michele; de sorte que le pauvre Michele, à chaque nouveau grief soulevé contre lui, n'avait dans la maison Tomeo qu'un seul défenseur, Assunta, tandis qu'au contraire, il avait quatre accusateurs : le père et les trois fils; ce qui constituait contre lui, dans la discussion qu'on avait à son sujet, une formidable majorité.

Par bonheur, le métier de pêcheur est un rude

métier, et Basso-Tomeo et ses trois fils qui se vantaient de ne pas être des paresseux comme Michele, tenant à exercer le leur en conscience, passaient une partie de la soirée à poser leurs filets, une partie de la nuit à attendre que le poisson s'y engageât, et une partie de la matinée à les tirer hors de l'eau. Il en résultait que, sur vingt-quatre heures, Basso-Tomeo et ses trois fils en restaient dix-huit dehors et dormaient les six autres; ce qui n'en faisait pas des surveillants bien insupportables pour les amours de Michele et d'Assunta.

Aussi, Michele prenait-il son malheur en patience. Basso-Tomeo lui avait dit qu'il ne lui donnerait sa fille que lorsqu'il exercerait un métier lucratif et honnête, ou lorsqu'il aurait fait un héritage. Michele, par malheur, prétendait ne connaître aucun métier lucratif et honnête à la fois, affirmant que l'une de ces deux épithètes excluait l'autre, ce qui, à Naples n'était point tout à fait un paradoxe ; et il en donnait pour preuve à Basso-Tomeo que lui, par exemple, qui exerçait un métier honnête, qui, aidé par ses trois fils, consacrait dix-huit heures par jour à ce métier, n'avait, depuis cinquante ans à peu près qu'il avait, pour la première fois, jeté ses filets à la mer, pas réussi à mettre cinquante ducats de côté. Il attendait donc l'héritage, parlant d'un oncle qui n'avait jamais existé, et qui, sur les indications de Marco Polo, était parti pour le royaume du Cathay. Si l'héritage ne venait pas, ce qui, au bout du compte, était possible, il ne pouvait manquer, un jour ou l'autre, d'être colonel, puisque Nanno le lui avait prédit. Il est vrai qu'il n'avait rendu publique, dans la maison de Basso-Tomeo, que la première partie de la prédiction, ayant gardé pour lui celle qui aboutissait à la potence et n'ayant jugé à propos de s'ouvrir à ce sujet qu'à sa sœur de lait Luisa, ainsi que nous l'avons vu dans l'entretien qui avait précédé la prédiction plus sinistre encore que la sorcière lui avait faite à elle-même.

Or, la présence d'Assunta dans l'église de la Madone-del-Carmine, sa présence à l'autel de saint François et l'illumination *a giorno* de cet autel, étaient autant de preuves que Michele, tout fou qu'on le disait, ne s'était point trompé à l'endroit du médiocre produit que Basso-Tomeo, malgré la fatigue qu'il prenait, tirait de son pénible métier. En effet, les trois dernières journées avaient été si mauvaises, que le vieux pêcheur avait fait vœu de brûler douze cierges à l'autel de saint François, dans l'espérance que le saint, qui était son patron, lui accorderait une pêche dans le genre de celle que les pêcheurs de l'Évangile avaient faite dans le lac de Génézareth, et avait exigé que, pendant toute la matinée, c'est-à-dire pendant le temps qu'il serait occupé à tirer ses filets, sa fille Assunta appuyât le vœu qu'il avait fait, de ses plus ferventes prières.

Or, comme le vœu avait été fait la veille, après la dernière pêche, qui avait encore été plus mauvaise que les deux précédentes; que Michele, ayant consacré toute la soirée à Luisa, et toute la nuit au blessé, n'avait pu être prévenu par Assunta, Michele avait trouvé la porte de la maison fermée, et Assunta agenouillée à l'autel de saint François, au lieu de l'attendre à sa porte.

En voyant que Pasquale de Simone lui avait dit vrai, Michele fit un si gros soupir de satisfaction, qu'Assunta se retourna à son tour, poussa un cri de joie, et, avec un bon sourire qui n'était autre chose qu'un remercîment pour sa pénétration, lui fit signe de venir s'agenouiller près d'elle. Michele n'eut pas besoin qu'on lui répétât l'invitation. Il ne fit qu'un bond de la place où il était jusqu'aux degrés de l'autel, et tomba à genoux sur la même marche où priait Assunta.

Nous ne voudrions pas affirmer qu'à partir de ce moment la prière de la jeune fille fut aussi fervente que lorsque Michele était absent, et qu'il ne se mêla point à cette prière quelques distractions. Mais la chose était peu importante à cette heure, la pêche devant être faite et les filets tirés. On pouvait bien, à tout prendre, risquer quelques paroles d'amour, au milieu des pieuses paroles auxquelles le saint avait droit.

Ce fut là seulement que Michele apprit d'Assunta les faits qu'en notre qualité d'historien, nous avons fait connaître à nos lecteurs, avant que Michele les connût lui-même, — et, en échange de ces faits, il lui fit, de son côté, l'histoire la plus probable qu'il put agencer sur une indisposition de Luisa, sur un assassinat qui avait eu lieu à la fontaine du Lion, et sur le bruit qui se faisait à cette heure, rue Sant-Eligio et ruelle des Soupirs-de-l'Abime, à la porte de la boutique du *beccaïo*.

Assunta, en véritable fille d'Ève qu'elle était, sut à peine qu'il y avait du bruit au Vieux-Marché, qu'elle voulut connaître les véritables causes de ce bruit. Or, ce que lui en disait son amant lui paraissant couvert d'un certain nuage, elle prit congé de saint François, auquel sa prière était finie ou bien près de l'être ; elle fit une révérence à l'autel du saint, trempa ses ongles dans le bénitier de la porte, toucha du bout de ses doigts humides les doigts de son amant, fit un dernier signe de croix, prit, avant même d'être sortie de l'église, le bras de Michele, et, légère comme une alouette prête à s'envoler, en chantant comme elle, elle sortit avec lui de l'église del Carmine, pleine de confiance dans l'intervention du saint et ne doutant pas que son père et ses frères n'eussent fait une pêche miraculeuse.

XXX

LES DEUX FRÈRES

Assunta avait bien raison d'avoir confiance en saint François : son père et ses frères avaient fait une pêche vraiment miraculeuse.

Au moment où ils avaient commencé de tirer leurs filets, leurs filets leur avaient paru si lourds, qu'ils avaient cru d'abord avoir accroché quelque rocher ; mais, ne sentant point cette résistance absolue que présente une masse enracinée au fond de la mer, ils avaient eu la crainte, chose qui arrive quelquefois et qui est d'un triste présage pour ceux à qui elle arrive, ils avaient eu la crainte de tirer à eux le cadavre de quelque suicidé ou de quelque noyé par accident.

Mais, au fur et à mesure que le filet se rapprochait

de la plage, ils sentaient des soubresauts et des secousses indiquant que c'étaient des corps vivants et bien vivants qui, malgré eux, cédaient à la traction du filet.

Bientôt on vit, aux clapotements de la mer et aux gerbes liquides qui en jaillissaient, que les captifs, commençant à comprendre leur position, faisaient des efforts désespérés pour rompre la traîne ou pour sauter par-dessus.

Gennaro et Gaetano se mirent à la mer, et, tandis que le vieux pêcheur et Luigi, réunissant tous leurs efforts, luttaient contre la proie indocile, ils passèrent derrière les filets, et, quoiqu'ils eussent de l'eau jusqu'aux épaules, parvinrent à la maintenir.

Seulement, à leurs gestes et à leurs exclamations, on pouvait comprendre que saint François avait largement fait les choses.

Ceci se passait dans le golfe vers la moitié à peu près de la strada Nuova, en face d'une grande maison qui donnait d'un côté sur le quai, de l'autre sur la rue Sant'-Andrea-degli-Scopari.

Cette maison, que l'on désignait sous le nom de palais della Torre, appartenait, en effet, au duc de ce nom.

Comme nous allons raconter un fait entièrement historique, nous sommes forcé de donner quelques détails sur cette maison où le fait s'est passé et sur ceux qui l'habitaient.

A la fenêtre du premier étage se tenait un jeune homme de vingt-six à vingt-huit ans, vêtu à la dernière mode de Paris, si ce n'est qu'au lieu d'avoir la redingote à carrick ou l'habit aux longues basques et au haut collet piqué que l'on portait à cette époque, il était enveloppé d'une élégante robe de chambre de velours nacarat fermant sur sa poitrine avec des brandebourgs de soie. Ses cheveux noirs, qui depuis longtemps avaient renoncé à la poudre, quoique coupés court, frisaient en boucles naturelles ; une fine chemise de batiste, ornée d'un jabot d'élégante dentelle, s'ouvrait pour laisser voir un cou juvénile et blanc comme un cou de femme; ses mains étaient blanches, longues et minces, signe d'aristocratie. Il portait, au petit doigt de la gauche, un diamant, et, distrait, l'œil perdu dans l'espace, suivait les nuages glissant dans le ciel, tout en faisant de la main droite ces mouvements dénonciateurs que fait un poëte qui scande des vers.

C'était un poëte, en effet, un poëte dans le genre de Sannasar, de Bertin, de Parny, c'était don Clemente Filomarino, frère cadet du duc della Torre, un des jeunes gens les plus élégants de Naples, et qui disputait la royauté de la mode aux Nicolino, aux Caracciolo et aux Roccamana; en outre, beau cavalier, grand chasseur, excellant dans les exercices de l'escrime, du tir, de la natation; riche, quoique cadet de famille, attendu que son frère, le duc della Torre, qui avait vingt-cinq ans de plus que lui, avait déclaré vouloir mourir garçon, afin de laisser toute sa fortune à son jeune frère, lequel avait reçu de son aîné l'honorable mission de perpétuer la race des ducs de la Torre, honneur auquel celui-ci paraissait avoir renoncé.

Au reste, le duc della Torre s'occupait d'un travail bien autrement intéressant — et il en était convaincu — pour ses contemporains et même pour l'avenir, que celui de procréer des héritiers de son nom et des soutiens de sa race. Bibliomane acharné, il faisait une collection de livres rares et de manuscrits précieux. La bibliothèque royale elle-même — celle de Naples, bien entendu, — n'avait rien que l'on pût comparer à sa réunion d'Elzévirs, ou, pour parler plus correctement, d'Elzéviers. En effet, il avait un spécimen à peu près complet de toutes les éditions publiées par Louis, Isaac et Daniel, c'est-à-dire par le père, le fils et le neveu (1). Nous disons à peu près

---

(1) Les savants ne sont pas d'accord sur ce point : les uns disent qu'Isaac est le fils de Louis, les autres disent qu'il n'est que son neveu.

complète, parce que nul bibliomane ne peut se vanter d'avoir la collection entière, depuis le premier volume, publié en 1572, auquel est attaché le nom d'Elzévir, et qui porte pour titre : *Eutropii historiæ romanæ, lib X*, jusqu'au *Pastissier françois*, publié chez Louis et Daniel, et qui porte la date de 1655. Cependant, il montrait avec orgueil aux amateurs cette collection presque unique, où se trouvaient successivement, servant d'enseigne au frontispice, l'ange tenant d'une main un livre, de l'autre une faux; un cep de vigne embrassant un orme, avec la devise *Non solus;* la Minerve et l'olivier, avec l'exergue *Ne extra oleas;* le fleuron au masque de buffle que les Elzévirs adoptèrent en 1629; la sirène, qui lui succéda en 1634; le cul-de-lampe représentant la tête de Méduse; la guirlande de roses trémières, et enfin les deux sceptres croisés sur un bouclier, qui sont leur dernière marque. En outre, ses éditions, toutes de choix, étaient remarquables par la grandeur et la largeur de leurs marges, dont quelques-unes atteignaient quinze et dix-huit lignes.

Quant à ses autographes, c'était bien la plus riche collection qui existât au monde. Elle commençait au sceau de Tancrède de Hauteville, et se continuait, en rois, princes, vice-rois ayant régné sur Naples, jusqu'aux signatures de Ferdinand et de Caroline, actuellement régnants.

Chose bizarre! Ce profond amour de la collection, dont le plus signalé symptôme est de rendre indifférent à tous les sentiments humains, n'avait eu aucune influence sur l'amour presque paternel que le duc della Torre portait à son jeune frère, don Clemente, resté orphelin à cinq ans. Ce qui l'avait si profondément attaché à cet enfant le jour même de sa naissance, c'était probablement cette idée que, dès ce jour-là, il était déchargé de l'obligation de prendre une femme, qui ne l'eût point détourné entièrement, mais qui l'eût distrait de sa vocation de collectionneur. Aussi, nous serait-il impossible d'énumérer les soins dont l'enfant chargé de le dispenser de l'accomplissement de ses obligations conjugales avait été l'objet de sa part. Dans toutes ces indispositions plus ou moins graves auxquelles l'enfance est soumise, il avait été son seul garde-malade, passant les nuits près de son lit à annoter ses catalogues, ou à chercher dans ses livres rares ces fautes d'impression qui marquent un exemplaire du sceau de l'identité. D'enfant, don Clemente était devenu adolescent; d'adolescent, jeune homme; de jeune homme, il était en train de passer homme, sans que cette profonde et tendre affection de son frère pour lui se fût altérée et eût changé de nature.

A l'âge de vingt-six ans, don Clemente était encore traité par son frère comme un enfant. Il ne montait pas une fois à cheval, il n'allait pas une fois à la chasse que son frère ne lui criât par la fenêtre : « Prends garde de te noyer ! Prends garde que ton fusil ne soit mal chargé ! Prends garde que ton cheval ne s'emporte ! »

Lorsque l'amiral Latouche-Tréville vint à Naples, don Clemente Filomarino, comme les autres jeunes gens de son âge, fraternisa avec les officiers français, et, poëte doué d'une imagination ardente, révolté des abus d'un pays livré au triple despotisme du sceptre, du sabre et du goupillon, il se mêla aux rangs des plus chauds patriotes et fut emprisonné avec eux.

Tout entier à ses recherches d'autographes et à ses études de bibliomane, le duc della Torre avait à peine su le passage de la flotte française, et, en tout cas, n'y avait attaché aucune importance. Philosophe lui-même, mais ne mêlant en aucune façon la politique à sa philosophie, il ne s'était point étonné des railleries de son frère contre le gouvernement, l'armée et les moines. Tout à coup, il apprit que don Clemente Filomarino avait été arrêté et conduit au fort Saint-Elme.

La foudre tombée à ses pieds ne l'eût pas plus étourdi que cette nouvelle ; il fut quelque temps à rassembler ses idées, et courut chez le régent de la vicairie, charge qui correspond, chez nous, à celle de préfet de police.

Il venait demander ce qu'avait fait son frère.

Son étonnement fut grand lorsqu'on lui eut répondu que son frère conspirait, que les accusations les plus graves pesaient sur lui, et que, si ces accusasations étaient prouvées, il y allait de sa tête.

L'échafaud sur lequel avaient péri Vitagliano, Emmanuele de Deo et Gagliani était à peine enlevé de la place du Château; il crut le voir se dresser de nouveau pour dévorer son frère. Il courut chez les juges, assiégea les portes des Vanni, des Guidobaldi, des Castelcicala; il offrit sa fortune tout entière; il offrit ses autographes, ses Elzévirs; il s'offrit lui-même si l'on voulait mettre son frère en liberté. Il supplia le premier ministre Acton, il se jeta aux pieds du roi, aux pieds de la reine; tout fut inutile. Le procès suivit son cours; mais, cette fois, malgré l'influence néfaste de cette sanglante trinité, tous les accusés furent reconnus innocents et mis en liberté.

Ce fut alors que la reine, voyant lui échapper la vengeance légale, établit cette fameuse chambre obscure où nous avons introduit nos lecteurs, et créa ce tribunal secret dont Vanni, Castelcicala et Guidobaldi étaient les juges, et Pasquale de Simone l'exécuteur.

Dix-huit mois de prison, pendant lesquels son frère, le duc della Torre, pensa devenir fou, et cessa de se livrer à la compilation de ses Elzévirs et à la recherche de ses autographes, ne guérirent aucunement don Clemente Filomarino de ses principes libéraux, de ses tendances philosophiques et de ses instincts railleurs; au contraire, ils le poussèrent plus avant que jamais dans la voie de l'opposition. Fort de cette impartialité du tribunal, qui, malgré les instances secrètes de la reine, qui, malgré les instances publiques de ses accusateurs, l'avait déclaré innocent, et l'avait mis en liberté, il pensait n'avoir plus autre chose à craindre, et était devenu un des habitués les plus assidus des salons de l'ambassadeur français, tandis qu'au contraire il s'était complétement éclipsé des salons de la cour, dans lesquels son rang lui donnait entrée.

Le duc della Torre, son frère, rassuré sur le sort de Clemente, s'était remis à la poursuite de ses autographes et de ses Elzévirs, et ne s'inquiétait plus de cet enfant prodigue que pour lui recommander comme toujours la prudence, quand il montait à cheval, allait à la chasse, ou faisait quelque pleine eau dans le golfe.

Or, ce jour-là, tous deux étaient satisfaits.

Don Clemente Filomarino avait appris le départ de

l'ambassadeur français, ainsi que la déclaration de guerre faite par lui au roi Ferdinand, et, ses principes de citoyen du monde l'emportant sur sa nationalité napolitaine, il espérait bien avant un mois voir ses bons amis les Français à Naples, et le roi et la reine à tous les diables.

De son côté, le duc della Torre venait de recevoir une lettre du libraire Dura, le plus célèbre bouquiniste de Naples, qui lui annonçait qu'il avait découvert un des deux Elzévirs manquant à sa collection, et qui lui faisait demander s'il devait le lui porter chez lui ou attendre sa visite à son magasin.

En lisant la lettre du libraire, le duc della Torre avait poussé un cri de joie, et, n'ayant pas la patience d'attendre la visite, il avait noué sa cravate, passé sa houppelande, et, descendant du second étage, occupé tout entier par sa bibliothèque, il était entré au premier, qui lui servait de logement, ainsi qu'à son frère, et avait fait son apparition dans la chambre, juste au moment où celui-ci venait de rimer les derniers vers d'un poëme comique, dans le genre du *Lutrin* de Boileau, et où il attaquait les trois gros péchés, non-seulement des moines de Naples, mais des moines de tous les pays : la luxure, la paresse et la gourmandise.

A la seule vue de son frère, don Clemente Filomarino devina qu'il venait d'arriver à celui-ci un de ces grands événements bibliomaniques qui le mettaient hors de lui.

— Oh! mon cher frère, s'écria-t-il, auriez-vous trouvé, par hasard, le Térence de 1661 ?

— Non, mon cher Clemente; mais juge de mon bonheur : j'ai trouvé le Perse de 1664.

— Mais trouvé... ce qui s'appelle trouvé, hein? Vous savez bien que, plus d'une fois déjà, vous m'avez dit : « J'ai trouvé, » et que, quand il s'est agi de vous livrer l'exemplaire en question, on essayait de vous fourrer quelque faux Elzévir, quelque édition avec la sphère, au lieu de l'édition de l'olivier ou de celle de l'orme.

— Oui, mais je ne m'y laissais pas prendre. Ce n'est pas un vieux renard comme moi que l'on attrape ! D'ailleurs, c'est Dura qui m'écrit, et Dura ne me ferait point un tour comme celui-là. Il a sa réputation à conserver. Regarde plutôt, voici sa lettre : « Monsieur le duc, venez vite; j'ai la joie de vous annoncer que je viens de trouver le Perse de 1664, avec les deux sceptres croisés sur l'écu; édition magnifique; les marges ont quinze lignes de hauteur en tout sens. »

— Bravo, mon frère ! Et vous allez chez Dura, je présume ?

— J'y cours! il va m'en coûter soixante ou quatre-vingts ducats au moins; mais qu'importe! c'est à toi que ma bibliothèque reviendra un jour; et, si maintenant j'ai le bonheur de trouver le Térence de 1661, j'aurai la collection complète; et sais-tu ce que vaut une collection complète d'Elzévirs? Vingt mille ducats comme un grain!

— Il y a une chose dont je vous supplie, mon cher frère, c'est de ne vous inquiéter jamais de ce que vous me laisserez ou ne me laisserez pas. J'espère que, comme Cléobis et Biton, quoique nous n'ayons pas les mêmes mérites qu'eux, les dieux nous aimeront assez pour nous faire mourir le même jour et à la même heure. Aimez-moi, vous, et, tant que vous m'aimerez, je serai riche.

— Eh! malheureux, lui dit le duc en lui posant les deux mains sur les deux épaules et en le regardant avec une ineffable tendresse, tu sais bien que je t'aime comme mon enfant, mieux que mon enfant même; car, si tu n'avais été que mon enfant, j'eusse couru tout droit chez Dura, et je ne t'eusse embrasssé qu'à mon retour.

— Eh bien, embrassez-moi, et courez vite chercher votre Térence.

— Mon Perse, ignorant! mon Perse! Ah! continua le duc avec un soupir, tu ne feras qu'un bibliomane de troisième ordre, et encore! encore!... Au revoir, Clemente, au revoir!

Et le duc della Torre s'élança hors de la maison.

Don Clemente revint à la fenêtre.

Basso-Tomeo et ses fils venaient de tirer leurs filets sur la plage, au milieu d'un immense concours de pêcheurs et de lazzaroni, accourus pour voir le résultat de la pêche de Basso-Tomeo et de ses trois fils.

XXXI

OU GAETANO MAMMONE ENTRE EN SCÈNE

Nous l'avons dit au commencement du chapitre précédent, saint François avait bien fait les choses, et la pêche était vraiment miraculeuse.

On eût dit que le saint, si religieusement prié par Assunta et si généreusement gratifié par Basso-Tomeo d'une messe et de douze cierges, avait voulu mettre dans les filets du vieux pêcheur et de ses trois fils un spécimen de tous les poissons du golfe.

Lorsque la traîne sortit de la mer et qu'elle apparut sur le rivage avec sa poche pleine à rompre, on eût dit que c'était non pas la Méditerranée, mais le Pactole qui dégorgeait toutes ses richesses sur la plage.

La dorade aux reflets d'or, la bonite aux mailles d'acier, la spinola à la robe d'argent, la trille au corsage rose, le dentiche aux nageoires lie de vin, le mulet au museau arrondi, le poisson-soleil que l'on croirait un tambour de basque tombé à la mer, enfin le poisson Saint-Pierre, qui porte sur ses flancs l'empreinte des doigts de l'apôtre, faisaient escorte, et semblaient la cour, les ministres, les chambellans d'un thon magnifique qui pesait au moins soixante rotoli, et qui semblait ce roi de la mer que, dans *la Muette de Portici*, promet Masaniello à ses compagnons sur un air si charmant.

Le vieux Basso-Tomeo se tenait la tête à deux mains, ne pouvait en croire ses yeux et trépignait de joie. Les paniers apportés par le vieillard et ses fils, dans l'espoir d'une pêche abondante, une fois remplis jusqu'aux bords, ne contenaient pas le tiers de cette magnifique moisson faite dans la plaine qui se laboure toute seule.

Les enfants se mirent à la recherche de nouveaux récipients, tandis que Basso-Tomeo, dans sa reconnaissance, racontait à tout venant qu'il devait ce miracle à la faveur toute particulière de saint François, son patron, à l'autel duquel il avait fait dire une messe et brûler douze cierges.

Le thon faisait surtout l'admiration du vieux pêcheur et des assistants : c'était un miracle qu'après les secousses qu'il avait données au filet, il ne l'eût pas rompu, et, en s'ouvrant à travers ses mailles une fuite pour lui-même, n'eût pas ouvert en même temps un passage à toute la gent écaillée qui bondissait autour de lui.

Chacun, au récit du vieux Basso-Tomeo et à la vue de sa pêche, se signait et criait : *Evviva san Francisco !* Don Clemente seul, qui, de sa fenêtre, dominait toute cette scène, paraissait mettre en doute l'intervention du saint, et attribuer tout simplement ce miraculeux coup de filet à une de ces chances heureuses et comme en rencontrent parfois les pêcheurs.

Placé d'ailleurs comme il l'était, c'est-à-dire à la fenêtre du premier étage de son palais et pouvant plonger du regard jusqu'au coude que fait le quai de la Marinella, il voyait ce que Basso-Tomeo, enfermé avec son poisson au milieu d'un cercle de féliciteurs, ne pouvait pas voir et ne voyait pas.

Ce que don Clemente voyait et ce que ne voyait point Basso-Tomeo, c'était fra Pacifico, arrivant du côté du marché avec son âne, tenant orgueilleusement le milieu du pavé comme d'habitude, et devant infailliblement, s'il suivait la ligne droite, se heurter au monceau de poissons que venait de tirer de la mer le vieux Basso-Tomeo.

Ce fut ce qui arriva ; en voyant un attroupement qui lui barrait le passage, sans savoir la cause de cet attroupement, fra Pacifico, pour le fendre plus facilement, prit Jacobin par la longe et marcha le premier en disant :

— Place ! au nom de saint François, place !

On comprend facilement que, dans une foule chantant les louanges du fondateur des ordres mineurs, un nouveau venu, quel qu'il fût, se présentant au nom du saint, devait trouver place ; mais place fut faite par cette même foule avec d'autant plus de promptitude et de vénération, que l'on reconnut fra Pácifico et son âne Jacobin, que chacun savait avoir l'honneur d'être attachés au service particulier du saint.

Fra Pacifico allait donc, fendant la foule, ignorant ce qu'elle contenait à son centre, lorsque tout à coup il se trouva face à face avec le vieux Tomeo et manqua de trébucher contre la montagne de poissons qui se mouvaient encore dans les dernières convulsions l'agonie !

C'était ce moment qu'attendait don Clemente ; car il pouvait prévoir qu'il allait se passer une lutte curieuse entre le pêcheur et le moine ; en effet, à peine Basso-Tomeo eut-il reconnu Pacifico traînant derrière lui Jacobin, que, comprenant à quelle dîme exorbitante il allait être soumis, il jeta un cri de terreur et pâlit, tandis qu'au contraire le visage de fra Pacifico s'illumina d'un formidable sourire en voyant vers quelle belle aubaine sa bonne étoile le conduisait.

Il avait justement trouvé le marché au poisson si mal fourni, qu'il n'avait, quoique le lendemain fût jour maigre, rien jugé digne de la bouche si finement connaisseuse des capucins de Saint-Éphrem.

— Ah! ah! fit don Clemente assez haut pour être entendu d'en bas, c'est-à-dire du quai, voilà qui devient intéressant.

Quelques personnes levèrent la tête ; mais, ne comprenant pas ce que voulait dire le jeune homme à la robe de chambre de velours, ils reportèrent presque aussitôt leurs regards sur Basso-Tomeo et fra Pacifico.

Au reste, frère Pacifique ne laissa point longtemps Basso-Tomeo dans les transes du doute ; il prit son cordon, l'étendit sur le thon et prononça les paroles sacramentelles :

— Au nom de saint François!

C'était ce que prévoyait don Clemente ; il éclata de rire.

Il était évident qu'il allait assister au combat de deux des plus puissants mobiles des actions humaines : la superstion et l'intérêt.

Basso-Tomeo, qui croyait fermement tenir sa pêche de saint François, défendrait-il le plus beau morceau de cette pêche contre saint François lui-même, ou, ce qui était exactement la même chose, contre son représentant ?

D'après ce qui allait se passer, don Clemente apprécierait dans la lutte que Naples allait avoir à soutenir pour la conquête de ses droits, quel fond les patriotes pouvaient faire sur le peuple, et si ce peuple, pour lequel ils se dévoueraient au moment du renversement des préjugés, combattrait en faveur de ces préjugés, ou contre eux.

L'épreuve ne fut pas heureuse pour le philosophe.

Après un combat intérieur qui ne dura au reste que quelques secondes, l'intérêt fut vaincu par la superstition, et le vieux pêcheur, qui avait paru disposé un instant à défendre sa propriété en cherchant des yeux si ses trois fils étaient de retour avec les paniers qu'ils étaient allés prendre, fit un pas en arrière, et, démasquant l'objet en litige, dit humblement :

— Saint François me l'avait donné, saint François

me le reprend. Vive saint François ! Ce poisson est à vous, mon père.

— Ah ! l'imbécile ! ne put s'empêcher de s'écrier don Clemente.

Tous levèrent la tête, et les regards de la foule se fixèrent sur le jeune homme à la physionomie railleuse ; l'expression des visages de ceux qui regardaient ne dépassait pas encore l'étonnement, car personne ne comprenait parfaitement à qui s'adressait l'épithète d'imbécile.

— Oh ! c'est toi, Basso-Tomeo, et non un autre que j'appelle imbécile ! s'écria don Clemente.

— Et pourquoi cela, Excellence ?

— Parce que, toi et tes trois fils, qui êtes d'honnêtes gens, de braves travailleurs, et, de plus, de vigoureux gaillards, vous vous laissez enlever le prix de votre labeur par un moine fripon, paresseux et impudent.

Fra Pacifico, qui avait cru que la vénération attachée à son habit le mettait hors de la question, attaqué ainsi en face et à l'improviste, chose qu'il n'eût jamais crue possible, poussa un rugissement de colère et montra son bâton à don Clemente.

— Garde ton bâton pour ton âne, moine ; il n'y a qu'à lui que ton bâton puisse faire peur.

— Oui ; mais je vous en préviens, don Cicillo (1), mon âne s'appelle Jacobin.

— Eh bien, alors, c'est ton âne qui porte le nom de l'homme, et c'est toi qui as le nom de la bête.

La foule se mit à rire : elle commence toujours, lorsqu'elle écoute une dispute, par être du parti de celui qui a de l'esprit.

Fra Pacifico, furieux, ne sut qu'apostropher don Clemente de ce nom qui était pour lui la plus terrible injure.

— Je te dis que tu es un jacobin! Cet homme est un jacobin, mes frères ; le voyez-vous avec ses cheveux coupés à la Titus et son pantalon sous sa robe de chambre? Jacobin! jacobin! jacobin!

— Jacobin tant que tu voudras, et je me vante d'être jacobin.

— Vous entendez, hurla fra Pacifico, il avoue qu'il est jacobin !

— D'abord, lui dit don Clemente, sais-tu ce que c'est qu'un jacobin?

— C'est un démagogue, un sans-culotte, un septembriseur, un régicide.

— En France, c'est possible ; mais, à Naples, écoute bien ceci et tâche de ne pas l'oublier : *jacobin* veut

(1) Nom que l'on donne à Naples aux muscadins, mirliflores, dandys, etc.

dire un honnête homme qui aime son pays, qui voudrait le bonheur du peuple, et, par conséquent, l'abolition des préjugés qui l'abrutissent ; qui demande l'égalité, c'est-à-dire les mêmes lois pour les petits comme pour les grands ; la liberté pour tous, afin que tous les pêcheurs puissent jeter également leurs filets dans toutes les parties du golfe, et qu'il n'y ait point de réserves même pour le roi, à Portici, à Chiatamone et à Mergellina; attendu que la mer est à tout le monde, comme l'air que nous respirons, comme le soleil qui nous éclaire ; un jacobin, enfin, c'est un homme qui veut la fraternité, c'est-à-dire qui regarde tous les hommes comme ses frères, et qui dit : « Il n'est pas juste que les uns se reposent et mendient, tandis que les autres se fatiguent et travaillent, » ne voulant pas qu'un pauvre pêcheur qui a passé la nuit à poser ses filets et la journée à les tirer, quand il a, une fois par hasard, ce qui lui arrive tous les dix ans, pris un poisson qui vaut trente ducats...

La foule sembla trouver le prix trop élevé et se mit à rire.

— J'en donne trente ducats, moi, continua Filomarino. Eh bien, je le répète, un jacobin est un homme qui ne veut pas que, quand un pauvre pêcheur a pris un poisson qui vaut trente ducats, il lui soit volé par un homme, — je me trompe, un moine! — un moine n'est pas un homme ; celui qui mérite le nom d'homme est celui qui rend des services à ses frères, et non celui qui les vole, celui qui rend des services à la société et non celui qui est à sa charge, qui travaille et qui touche honorablement le prix de son labeur pour nourrir une femme et des enfants, et non celui qui, la plupart du temps, détourne la femme des autres et débauche ses enfants au profit de la paresse et de l'oisiveté. Voilà ce que c'est qu'un jacobin, moine, et, si c'est là ce que c'est qu'un jacobin, oui, je suis jacobin !

— Vous l'entendez! s'écria le moine exaspéré, il insulte l'Église, il insulte la religion, il insulte saint François... C'est un athée!

Plusieurs voix demandèrent :

— Qu'est-ce qu'un athée?

— C'est, répondit fra Pacifico, un homme qui ne croit pas en Dieu, qui ne croit pas en la Madone, qui ne croit pas en Jésus-Christ, enfin qui ne croit pas au miracle de saint Janvier.

A chacune de ces accusations, don Clemente Filomarino avait vu les yeux de la foule s'animer et briller de plus en plus. Il était évident que, si la lutte continuait entre lui et le moine, et avait pour arbitre une foule ignorante et fanatique, le résultat serait contre lui. A la dernière accusation, quelques hommes avaient poussé un cri de colère en lui montrant le poing et en répétant après fra Pacifico :

— C'est un jacobin, c'est un athée, c'est un homme qui ne croit pas au miracle de saint Janvier.

— Enfin, continua le moine, qui avait gardé cet argument pour le dernier, c'est un ami des Français.

Quelques hommes, à cette dernière invective, ramassèrent des pierres.

— Et vous, leur cria don Clemente, vous êtes des ânes auxquels on ne mettra jamais de bâts assez pesants et auxquels on ne fera jamais porter de charges assez lourdes.

Et il referma sa fenêtre.

Mais, au moment où il refermait sa fenêtre, une voix cria :

— A bas les Français ! Mort aux Français !

Et cinq ou six pierres brisèrent la vitre derrière don Clemente.

Une de ces pierres, l'atteignant au visage, lui fit une légère blessure.

Peut-être, si le jeune homme eût eu la prudence de ne point reparaître, la colère de cette multitude se fût-elle calmée par cette vengeance ; mais, furieux à la fois de l'insulte et de la douleur, il s'élança sur son fusil de chasse chargé à balle, rouvrit la fenêtre, et, le visage rayonnant de colère et splendide de dédain :

— Qui a jeté la pierre ? qui m'a atteint là, là, là ? dit-il en montrant sa joue ensanglantée.

— Moi, répondit un homme d'une quarantaine d'années, court de taille, mais vigoureusement bâti, coiffé d'un chapeau de paille, vêtu d'une veste et d'une culotte blanches, en croisant ses bras sur sa poitrine et en faisant jaillir par le geste un flot de farine de sa veste ; moi, Gaetano Mammone.

A peine l'homme à la veste blanche avait-il prononcé ces paroles, que don Clemente Filomarino appuyait son fusil à son épaule et lâchait le coup.

L'amorce seule brûla.

— Miracle ! cria don Pacifico en chargeant son poisson sur son âne, et en laissant don Clemente aux prises avec la foule ; miracle !

Et il descendit du côté de l'Immacolatella, en criant :

— Miracle ! miracle !

Deux cents voix crièrent après lui : « Miracle ! » Mais, au milieu de toutes ces voix, la même voix qui s'était déjà fait entendre répéta :

— Mort au jacobin ! mort à l'athée ! mort à l'ami des Français !

Et toutes les voix qui avaient crié : « Miracle ! » crièrent :

— A mort ! à mort !

La guerre était déclarée.

Une partie de la foule s'engouffra dans la grande porte pour venir attaquer don Clemente par l'intérieur ; d'autres appuyèrent une échelle à la fenêtre et commencèrent de l'escalader.

Don Clemente lâcha son second coup de fusil au hasard, au milieu de la foule : un homme tomba.

C'était, de la part de l'imprudent jeune homme, renoncer à toute miséricorde. Il ne lui restait plus qu'à vendre chèrement sa vie.

Il assomma d'un coup de crosse de fusil le premier dont la tête parut au niveau de la fenêtre ; l'homme ouvrit les bras et tomba à la renverse.

Puis, jetant dans la chambre son fusil dont le bois s'était cassé par la violence du coup, il prit de chaque main un pistolet de tir, et les deux premiers assaillants qui se montrèrent, reçurent, l'un une balle dans la tête, l'autre une balle dans la poitrine.

Tous deux tombèrent en dehors, et restèrent sans mouvement sur le pavé.

Les cris de rage redoublèrent ; de tous les côtés du quai, on accourait pour prêter main-forte aux assaillants.

Don Clemente Filomarino entendit en ce moment craquer la porte d'entrée et des pas s'approcher de la chambre.

Il courut à la porte et la ferma à la clef.

C'était un bien faible rempart contre la mort.

Il n'avait pas eu le temps de recharger ses pistolets, et son fusil était brisé; mais il lui restait le canon, armé des batteries, dont il pouvait se servir comme d'une masse; il lui restait ses épées de duel.

Il les décrocha de la muraille, les posa derrière lui sur une chaise, ramassa le canon de son fusil, et résolut de se défendre jusqu'à la dernière extrémité.

Un nouvel assaillant parut à la fenêtre, le fusil s'abattit sur lui; s'il eût atteint la tête, il l'eût fendue; mais, par un mouvement rapide, l'homme sauva son crâne et reçut le coup de massue sur l'épaule. Il saisit le fusil, se cramponna des deux mains aux parties saillantes, sous-garde et batterie. Don Clemente vit que c'était une lutte à soutenir, pendant laquelle on pouvait enfoncer la porte; il abandonna l'arme au moment où son adversaire s'attendait à la résistance : le point d'appui lui manquant, l'homme tomba à la renverse; mais don Clemente perdait son arme la plus terrible.

Il sauta sur ses épées.

Un craquement terrible se fit entendre; le fer

d'une hache passa à travers le faible battant de la porte de sa chambre.

Au moment où le fer se retirait pour frapper un second coup, le jeune homme darda son épée par l'ouverture que la hache avait faite, il entendit un blasphème.

— Touché ! dit-il en riant de ce rire sauvage que font entendre, dans les joies de la vengeance, ceux qui n'ont plus rien à espérer que de mourir en faisant le plus de mal possible à leurs ennemis.

Le bruit de la chute d'un corps pesant se fit entendre derrière lui ; un homme venait de sauter du balcon dans la chambre, un poignard à la main.

La fine lame de l'épée se croisa avec le poignard, pareille à un éclair ; l'homme poussa un soupir et tomba ; le fer lui était ressorti de six pouces entre les deux épaules.

Un second coup de hache brisa le panneau de la porte. Don Clemente allait faire face à ses nouveaux adversaires, lorsqu'il vit passer dans l'air, venant d'en haut et tombant dans la rue, des papiers et des livres.

Il comprit que ces furieux étaient montés au second étage, avaient brisé la porte de l'appartement de son frère, qui peut-être même, ne soupçonnant aucun danger, l'avait laissée ouverte dans sa hâte à se rendre chez Dura, et que ces papiers, c'étaient les autographes, les livres, les Elzévirs du duc della Torre, que ces misérables, dans leur ignorance des trésors qu'ils gaspillaient, jetaient par la fenêtre.

Blessé par une pierre, il avait poussé un cri de rage; à la vue de cette profanation, il poussa un cri de douleur.

Son frère, son pauvre frère, quel serait son désespoir lorsqu'il rentrerait!

Don Clemente oublia son danger, oublia que, quand le duc de la Torre rentrerait, il aurait probablement une bien autre perte à déplorer que celle de ses autographes et de ses Elzévirs. Il ne vit que cet abîme ouvert dans sa vie, par son imprudence à lui, au moment où il s'y attendait le moins, abîme dans lequel s'engloutissaient en un instant trente longues années de soins incessants et de recherches assidues, et sa rage en redoubla contre ces brutes à qui la vengeance exercée sur l'homme ne suffisait pas et qui l'étendaient aux objets inanimés, qu'ils détruisaient sans en connaitre la valeur et par un simple instinct de destruction.

Il eut un instant l'idée de parlementer avec ses ennemis, de se livrer à eux et de faire de sa mort la rançon des livres et des manuscrits précieux de son frère. Mais, à l'aspect de ces visages où la colère le disputait à la stupidité, il comprit que ces hommes, certains qu'il ne pouvait leur échapper, ne transigeraient pas avec lui, mais que, leur indiquant seulement la valeur des objets qu'il voulait sauver, il rendrait le salut de ces objets moins probable qu'en le leur laissant ignorer.

Il résolut donc de ne rien demander, et, comme sa mort était certaine, que rien ne pouvait le sauver, de rendre seulement, par un effort désespéré, cette mort plus facile et plus prompte.

Lui mort, ses ennemis ne pousseraient peut-être pas plus loin leur vengeance.

Il restait à don Clemente à examiner sa position avec sang-froid et à en tirer, au point de vue de la vengeance, le meilleur parti possible.

La fenêtre paraissait abandonnée comme étant d'un abord trop dangereux ; il y courut ; trois mille lazzaroni peut-être encombraient le quai ; par bonheur, pas un n'avait d'armes à feu : il put donc regarder par la fenêtre.

Au-dessous de la fenêtre, ces hommes faisaient un immense amas de bois qu'ils allaient chercher sur la plage, laquelle, à l'endroit dont nous parlons, forme un gigantesque chantier où sont réunis bois à brûler et bois de construction, tandis que d'autres fourraient, sous cet amas de bois disposé en bûcher, les livres et les papiers que les dévastateurs continuaient de leur envoyer par la fenêtre du deuxième étage et qui étaient destinés à y mettre le feu.

D'un autre côté, la porte était près de céder sous les efforts des assaillants et surtout sous les coups de hache de l'homme à la veste blanche.

La porte pouvait encore tenir dix secondes; avec de la présence d'esprit et une main sûre, c'était à peu près le temps qu'il fallait à don Clemente pour recharger ses pistolets.

On sait la promptitude avec laquelle se chargent les pistolets de tir, où la balle presse directement la poudre. Les pistolets étaient chargés et amorcés au moment où la porte céda.

Un flot d'hommes se répandit dans la chambre; les deux coups partirent en même temps comme deux éclairs; deux hommes roulèrent sur le carreau.

Don Clemente se retourna pour saisir les épées; mais, avant qu'il eût eu le temps d'étendre les mains vers elles, il se trouva littéralement enveloppé de couteaux et de poignards.

Il allait être percé de vingt coups à la fois et s'élançait de toutes les puissances de son cœur au-devant de cette mort si prompte qui lui sauvait l'agonie, lorsque l'homme à la hache et à la veste blanche, faisant tournoyer sa hache au-dessus de sa tête, s'écria :

— Que personne ne le touche ! Le sang de cet homme est à moi.

L'ordre arriva à temps pour sauver à don Clemente dix-neuf coups de couteau sur vingt ; mais un vingtième, plus pressé que les autres, avait déjà frappé au-dessous de la gorge. Tout ce que put faire l'assassin pour obéir fut donc de reculer d'un pas en laissant le couteau dans la plaie.

Le blessé resta debout, mais oscillant comme un homme qui va tomber. Gaetano **Mammone** jeta sa hache, bondit jusqu'à lui, l'appuya et le maintint d'une main à la muraille, de l'autre déchira, sans que don Clemente eût la volonté ou la force de s'y opposer, la robe de chambre, la chemise de batiste du blessé, lui mit la poitrine nue, arracha le couteau resté dans la gorge, et appliqua avidement sa bouche à la plaie, d'où jaillisait un long filet incarnat.

Ainsi fait le tigre suspendu au cou du cheval, dont il ouvre l'artère, et dont il boit le sang.

Don Clemente sentit que cet homme, ou plutôt cette bête fauve lui tirait violemment la vie du corps ; instinctivement il lui appuya les mains aux épaules et essaya de le repousser, comme Anthée essaye de repousser Hercule qui l'étouffe. Mais, ou son adversaire était trop robuste, ou don Clemente était trop affaibli ; ses bras se détendirent lentement. Il lui sembla que cet homme, après son sang, après sa vie, tirait à lui son âme; une sueur froide passa sur son front, un frisson mortel courut dans ses veines à moitié vides; il poussa un long soupir et s'évanouit.

En cessant de sentir palpiter sa victime, le vampire se détacha d'elle; sa bouche se tordit dans un sourire d'effroyable volupté.

— La! dit-il, je suis désaltéré; maintenant, vous autres, faites ce que vous voudrez de ce cadavre.

Et, en effet, Gaetano Mammone cessa de maintenir contre la muraille le corps de don Clemente, qui, s'affaissant sur lui-même, tomba inerte sur le carreau.

Pendant ce temps, joyeux comme un enfant qui vient d'obtenir le joujou qu'il désire, le duc della Torre avait reçu des mains du libraire Dura, le Perse de 1664, s'était bien assuré de l'identité de l'édition en reconnaissant que les livres portaient pour frontispice l'écu avec les deux sceptres croisés, et n'avait point reculé devant le prix de soixante-deux ducats que lui avait demandé le libraire. En effet, que maintenant il se procure le Térence de 1661, et sa collection d'Elzévirs sera complète; bonheur auquel trois amateurs seulement, un à Paris, un à Amsterdam, un à Vienne, pouvaient se vanter d'être arrivés!

Maître du précieux volume, le duc ne songea plus qu'à remonter dans le *carrozzello* qui l'avait amené, et à reprendre le chemin de son palais. Avec quel bonheur il allait revoir don Clemente, lui montrer son trésor et lui prouver la supériorité des joies du bibliomane sur celles des autres hommes ! Ah ! s'il pouvait y amener ce jeune homme, qui avait de si belles qualités, mais à qui manquait celle-là, ce serait un cavalier complet ; tandis que don Clemente était encore comme la collection du duc : il avait. toutes les qualités hors une ; comme lui, l'heureux bibliomane avait toutes les éditions des Elzévirs père, fils et neveu, moins le Térence.

Et, le sourire sur les lèvres, le duc revenait, retournant dans sa pensée tous ces *concetti* où son esprit avait moins de part que son cœur, regardant son précieux volume, le serrant entre ses deux mains, le pressant contre sa poitrine, mourant d'envie de le baiser, ce qu'il eût fait bien certainement s'il eût été seul, lorsque, en arrivant à Supportico-Strettela, il commença à distinguer un immense attroupement qui lui paraissait s'être formé devant son palais. Cependant, sans doute se trompait-il ; que feraient ces hommes devant son palais ?

Mais une chose lui paraissait bien plus extraordinaire encore que ces hommes réunis à cet endroit.

C'étaient tous ces livres et ces papiers qui, pareils à une troupe d'oiseaux, semblaient s'envoler des fenêtres de sa bibliothèque ! Sans doute, la perspective le trompait ; ces fenêtres auxquelles de temps en temps apparaissaient des hommes correspondant par des gestes de colère avec ceux de la rue, ces fenêtres n'étaient point les siennes.

Mais, au fur et à mesure que le carrozzello avançait, il n'était plus permis au duc de douter, et son cœur se serrait d'une invincible angoisse ; quoique plus rapproché à chaque pas, à chaque pas il voyait moins distinctement. Un nuage s'étendait sur ses yeux, pareil à ceux que l'on a en songe, et, à voix basse, mais d'une voix de plus en plus anxieuse, il se disait les yeux fixes, le cou tendu, la tête en avant du corps :

— Je rêve ! je rêve ! je rêve !

Mais force lui fut bientôt de s'avouer à lui-même qu'il ne rêvait pas, et que quelque catastrophe inattendue, formidable, s'accomplissait chez lui et sur lui.

L'attroupement venait jusqu'au vico Marina-del-Vino, et chacun des hommes qui formaient cet attroupement, pris d'une folle frénésie, hurlait :

— A mort le jacobin ! à mort l'athée ! à mort l'ami des Français ! au bûcher ! au bûcher !

Un éclair terrible traversa l'esprit du duc ; des hommes débraillés, à moitié nus, sanglants, gesticulaient aux fenêtres de l'appartement de son frère. Il sauta à bas du carrozzello, pénétra comme un insensé dans cette foule, poussant des cris inarticulés, écartant, avec une force qu'il ne se connaissait pas lui-même, des hommes dix fois plus robustes que lui, et, à mesure qu'il entrait dans cet océan dont chaque flot était un homme, il le sentait plus irrité, plus grondant, plus passionné.

Enfin, parti de la circonférence, il arriva au centre, et, arrivé là, jeta un cri.

Il se trouvait en face d'un bûcher composé de bois de toute espèce, sur lequel, sanglant, évanoui, mutilé, son frère était couché à moitié nu. Il n'y avait point à le méconnaître, il n'y avait point à dire : « Ce n'est pas lui. » Non, non ! c'était bien lui, don Clemente, l'enfant de son cœur, le frère de ses entrailles !

Le duc ne comprit qu'une chose et il n'avait besoin de comprendre que celle-là : c'est que ces tigres qui rugissaient, c'est que ces cannibales qui hurlaient, c'est que ces démons qui riaient et chantaient autour de ce bûcher étaient les assassins de son frère.

Il faut rendre cette justice au duc que, croyant son frère mort, il n'eut pas un seul instant l'idée de lui survivre; la possibilité ne s'en présenta même point à son esprit.

— Ah! misérables! traîtres et lâches assassins! Ah! bourreaux immondes! s'écria-t-il, vous ne pourrez pas du moins nous empêcher de mourir ensemble!

Et il se jeta sur le corps de son frère.

Toute la bande hurla de joie : elle avait deux victimes au lieu d'une, et, au lieu d'une victime insensible, inerte, aux trois quarts morte, une victime vivante, sur laquelle on pouvait épuiser les tortures en les prolongeant.

Domitien disait en parlant des chrétiens :

« Ce n'est point assez qu'ils meurent; il faut qu'ils se sentent mourir. »

Le peuple de Naples est, sous ce rapport, le digne héritier de Domitien.

En une seconde, le duc della Torre fut lié sur le corps de son frère aux poutres du bûcher.

Don Clemente rouvrit les yeux. Il avait senti sur ses lèvres la pression d'une bouche amie.

Il reconnut le duc.

Déjà noyé dans le vague de la mort, il murmura :

— Antonio! Antonio! pardonne-moi!

— Tu l'as dit, don Clemente, répondit le duc, les dieux nous aiment; ainsi que Cléobis et Biton, nous mourrons ensemble ! Je te bénis, frère de mon cœur ! je te bénis, Clemente !

En ce moment, au milieu des cris de joie, des railleries impies, des blasphèmes sanglants de cette multitude, un homme approcha une torche des papiers et des livres amassés au pied du bûcher et auxquels le duc n'avait donné ni un regard ni un soupir, tandis qu'un autre s'écriait :

— De l'eau ! de l'eau ! il ne faut pas qu'ils meurent trop vite !

Et, en effet, le supplice des deux frères dura trois heures !

Ce fut au bout de trois heures seulement que, rassasié de souffrances, le peuple se dispersa, chaque homme emportant un lambeau de chair brûlée, au bout de son couteau, de son poignard ou de son bâton.

Les os restèrent au bûcher, qui continua de les consumer lentement.

Le docteur Cirillo put alors passer et continuer sa route vers Portici ; c'était l'agonie de ces deux martyrs qui lui barrait le chemin.

Ainsi périrent le duc della Torre et son frère, don Clemente Filomarino, les deux premières victimes des fureurs populaires de Naples.

Les armes de la ville au beau ciel sont une *cavale*

passante; mais cette cavale, issue des chevaux de Diomède, s'est bien souvent nourrie de chair humaine.

Cinquante minutes après, le docteur Cirillo était à Portici et le cocher avait gagné sa piastre.

Le même soir, déguisé, par le chemin qu'il avait déjà suivi pour sortir une première fois du royaume de Naples, Hector Caraffa gagnait la frontière pontificale et se rendait en toute hâte à Rome pour annoncer au général Championnet l'accident arrivé à son aide de camp, et conférer avec lui des mesures à prendre en cette grave circonstance.

XXXII

UN TABLEAU DE LÉOPOLD ROBERT

Nous laisserons Hector Caraffa suivre les sentiers des montagnes; et, dans l'espérance d'arriver avant lui, nous prendrons, avec la permission de nos lecteurs, la grande route de Naples à Rome, celle-là même qu'a prise notre ambassadeur, Dominique-Joseph Garat ; et, sans nous arrêter au camp de Sessa, où manœuvrent les troupes du roi Ferdinand ; sans nous arrêter à la tour de Castellone de Gaete, faussement appelée le tombeau de Cicéron; sans nous arrêter même à la voiture de notre ambassadeur, qui, au galop de ses quatre chevaux, descend rapidement la pente de Castellone, nous la précéderons à Itri, où Horace, dans son voyage à Brindes, a soupé de la cuisine de Capiton et couché chez Murena.

Murena præbente domum, Capitone culinam.

Aujourd'hui, c'est-à-dire à l'époque où nous y conduisons nos lecteurs, la petite ville d'Itri n'est plus l'*urbs Mamurrarum ;* elle ne compte plus au nombre de ses quatre mille cinq cents habitants des hommes qui aient atteint la célébrité du fameux jurisconsulte romain ou du beau-frère de Mécène.

D'ailleurs, nous n'avons pas de cuisine à y faire, pas d'hospitalité à y demander ; il s'agit tout simplement d'une halte de quelques heures chez le maître charron de la localité, où notre ambassadeur, grâce au mauvais chemin dans lequel il est engagé, ne tardera point à nous rejoindre.

La maison de don Antonio della Rota — ainsi nommé, à la fois à cause de la noblesse de son origine, qu'il prétend remonter aux Espagnols, et de la grâce avec laquelle il fait prendre au frêne et à l'orme le plus rebelle la forme d'une roue, — est située, dans une prévoyance qui fait honneur à l'intelligence de son propriétaire, à deux pas de la maison de poste et en face de l'hôtel *del Riposo d'Orazio*, enseigne qui indique la prétention — nous parlons pour l'hôtel — d'être situé sur l'emplacement même de la maison de Murena. Don Antonio della Rota avait pensé, avec beaucoup de sagacité, qu'en se logeant près de la poste, où étaient forcés de relayer les voyageurs, et en face de l'hôtel où, attirés par leurs souvenirs classiques, ils prenaient leurs rafraîchissements, aucune des voitures disloquées par ces fameux chemins où Ferdinand lui-même se rappelait avoir versé deux fois, ne pouvait échapper à sa juridiction.

Et, en effet, don Antonio, grâce à l'incurie des inspecteurs des grandes routes de Sa Majesté Ferdinand, faisait d'excellentes affaires; nos lecteurs ne s'étonneront donc point d'entendre, en entrant chez lui, en signe de joyeuse humeur, les sons du tambourin national, mêlés à ceux de la guitare espagnole.

Au reste, outre la disposition habituelle à la gaieté que donne à tout industriel la prospérité croissante de sa maison, don Antonio avait, ce jour-là, un motif particulier d'allégresse : il mariait sa fille Francesca à son premier ouvrier Peppino, auquel, en se retirant des affaires, il comptait laisser son établissement ; aussi, traversons l'allée sombre qui perce la maison d'une façade à l'autre, et jetons un coup d'œil sur la cour et sur le jardin, et nous verrons qu'autant la façade officielle, c'est-à-dire celle de la rue, est grave, déserte et silencieuse, autant la façade opposée est joyeuse, brillante et peuplée.

Cette partie de la propriété de don Antonio dans laquelle nous pénétrons, se compose d'une terrasse avec balustrade, descendant par un escalier de six marches dans une cour dont le sol est formé d'une espèce de terre glaise, servant, à l'époque de la moisson, d'aire à battre le blé ; cette cour et cette terrasse ne font qu'une immense tonnelle, couvertes qu'elles sont par des rameaux de vigne partant des arbres voisins et venant se rattacher à la maison, contre laquelle ils continuent de grimper en tapissant sa façade blanchie à la chaux, façade dont leurs verts festons, ainsi que l'ombre qu'ils projettent, adoucissent par des demi-teintes, mouvantes à chaque souffle du vent, la teinte trop crue de la muraille, laquelle, grâce à cette collaboration de la nature, s'harmonise admirablement avec les tuiles rouges du toit, qui se découpent en vives arêtes sur l'azur foncé du ciel ; le soleil jette sur tout cela les chaudes teintes d'une des premières matinées d'automne, et, pénétrant à travers les interstices du feuillage si serré qu'il soit, marbre de plaques dorées les dalles de la terrasse et le sol battu de la cour.

Au delà s'étend le jardin, c'est-à-dire une plantation de peupliers irrégulièrement semés et se rattachant les uns aux autres par de longs cordages de vigne auxquels se balancent des grappes de raisin à faire honneur à la terre promise ; ces grappes, d'un pourpre foncé, sont si nombreuses, que chaque passant se croit le droit d'en détacher du cep ce qu'il lui faut pour satisfaire sa gourmandise ou étancher sa soif, tandis que les grives, les merles et les moineaux francs détachent de leur côté les grains des grappes comme les passants les grappes de l'arbre ; quelques poules qui courent çà et là dans la plantation sous l'œil dominateur d'un coq grave et presque immobile, prennent leur part de la curée, soit en ramassant les graines qui tombent, soit en sautant jusqu'aux grappes inférieures, auxquelles elles restent parfois pendues par le bec, tant elles les attaquent avec voracité. Mais qu'importe ce monde de larrons, de maraudeurs et de parasites à cette luxuriante nature ! il en restera toujours assez pour faire une vendange suffisant aux besoins de l'année suivante ; la Providence a été tout particulièrement inventée pour les âmes inactives et les esprits insoucieux.

Au delà du jardin sont les premières rampes de ces

montagnes apennines, lesquelles, dans l'antiquité, abritaient ces rudes pasteurs samnites qui firent passer les légions de Posthumus sous le joug, et ces Marses invincibles que les Romains hésitaient à combattre et recherchaient pour alliés depuis deux mille ans ; c'est là que se réfugie et se maintient, à chaque commotion politique qui secoue la plaine ou les vallées, la sauvage et hostile indépendance des brigands.

Et maintenant que nous avons levé la toile sur le théâtre, mettons en scène les acteurs.

Ils se divisent en trois groupes.

Les hommes qui s'intitulent raisonnables, non point parce que la raison leur est venue, mais parce que la jeunesse les a quittés, assis sur la terrasse, autour d'une table couverte de bouteilles au long cou et au ventre garni de paille, forment le premier groupe, présidé par maître Antonio della Rota.

Les jeunes gens et les jeunes filles, dansant la tarentelle ou plutôt des tarentelles présidées par Peppino et Francesca, c'est-à-dire par les deux fiancés qui vont devenir époux, forment le second groupe.

Le troisième enfin se compose des trois musiciens de l'orchestre ; un de ces musiciens racle une guitare, les deux autres battent du tambour de basque ; le racleur de guitare est assis sur la dernière marche de l'escalier qui relie la terrasse à la cour ; les deux autres sont restés debout à ses côtés pour conserver la liberté de leurs mouvements et pouvoir, à certains moments, frapper, en manière de points d'orgue, leurs tambourins, du coude, de la tête et du genou.

Ces trois groupes ont pour unique spectateur un jeune homme de vingt à vingt-deux ans, assis, ou plutôt accoudé, sur un mur à demi écroulé appartenant en mitoyenneté à la maison de don Antonio et à la maison du bourrelier Giansimone, son compère et son voisin, de sorte que l'on ne saurait dire si ce jeune homme est chez le bourrelier ou chez le charron.

Ce spectateur, tout immobile qu'il demeure, et tout indifférent qu'il semble, est sans doute un sujet d'inquiétude pour don Antonio, pour Francesca et pour Peppino ; car, de temps en temps, leurs regards se portent sur lui avec une expression qui signifie qu'ils aimeraient autant cet incommode voisin loin que près, absent que présent.

Comme les autres personnages que nous venons de faire passer sous les yeux de nos lecteurs ne sont que des comparses, ou à peu près, dans notre drame, et que ce jeune homme seul y doit jouer un rôle d'une certaine importance, c'est de lui particulièrement que nous allons nous occuper.

Ainsi que nous l'avons dit, c'est un garçon de vingt à vingt-deux ans, bien découplé ; il a les cheveux blonds, presque roux, de grands yeux bleu-faïence d'une intelligence remarquable, et, dans certains moments, d'une férocité inouïe ; son teint, qui dans sa jeunesse n'a point été exposé aux intempéries de l'air, laisse transparaître quelques taches de rousseur ; son nez est droit ; ses lèvres minces, en se relevant aux deux coins, découvrent deux rangées de dents petites, blanches et aiguës comme celles d'un chacal ; ses moustaches et sa barbe naissantes sont de couleur fauve ; enfin, pour achever le portrait de cet étrange jeune homme, moitié paysan, moitié citadin, il y a, dans son allure, dans ses vêtements et jusque dans le chapeau à larges bords placé près de lui, quelque chose qui dénonce l'ex-séminariste.

C'est le cadet de trois frères du nom de Pezza ; plus faible que ses deux aînés, qui sont valets de charrue, ses parents, en effet, l'ont d'abord destiné à l'Église : la grande ambition d'un paysan de la Terre de Labour, des Abruzzes, de la Basilicate ou des Calabres est d'avoir un enfant dans les ordres. En conséquence, son père l'a mis à l'école à Itri, et, quand il a su lire et écrire, a obtenu pour lui du curé de l'église Saint-Sauveur la place de sacristain.

Tout a bien été pour lui jusqu'à l'âge de quinze ans, et l'onction avec laquelle l'enfant servait la messe, l'air béat dont il balançait l'encensoir aux processions, l'humilité avec laquelle il secouait la sonnette en accompagnant le viatique, lui avaient attiré toutes les sympathies des âmes dévotes, qui, anticipant sur l'avenir, lui avaient d'avance donné le titre de fra Michele, auquel il s'était, de son côté, habitué à répondre; mais le passage de l'adolescence à la virilité produisait probablement sur le jeune *chierico* (1) un changement physique qui ne tarda point à réagir sur le moral; on le vit se rapprocher des plaisirs dont il s'était tenu éloigné jusque-là; sans qu'il se mêlât aux danseurs, on le vit regarder d'un œil d'envie ceux qui avaient une belle danseuse; on le rencontra un soir sous les peupliers, un fusil à la main, poursuivant les grives et les merles; une nuit, on entendit les sons d'une guitare inexpérimentée sortir de sa chambre; s'appuyant de l'exemple du roi David, qui avait dansé devant l'arche, il fit, un dimanche, sans trop de gaucherie, son début dans la tarentelle, flotta encore un an entre le désir pieux de ses parents et sa vocation mondaine; enfin, à l'heure même où il atteignait sa dix-huitième année, il annonça qu'après

(1) On appelle *chierico*, dans l'Italie méridionale, les gens d'Église de position inférieure.

avoir consciencieusement consulté ses goûts et ses penchants, il renonçait décidément à l'Église et réclamait sa place dans la société et sa part des pompes et des œuvres de Satan. C'était juste le contraire de ce que font les néophytes qui abjurent le monde et renoncent à Satan, à ses pompes et à ses œuvres.

En conséquence de ces idées, fra Michele demanda à entrer chez maître Giansimone comme garçon bourrelier, prétendant que sa véritable vocation, vocation de laquelle il avait dévié en passant par l'Église, l'entraînait irrésistiblement vers la confection des bâts de mulet et des colliers de cheval.

Ce fut un grand chagrin pour la famille Pezza, qui perdait sa plus chère espérance, celle d'avoir un de ses membres curé, ou tout au moins capucin ou carme; mais fra Michele manifesta son désir avec tant de netteté, qu'il fallut consentir à tout ce qu'il voulait.

Quant à Giansimone, chez lequel le sacristain désirait transporter son domicile, il n'y avait, dans ce désir, rien que de flatteur pour son amour-propre. Fra Michele n'était point précisément le pieux aspirant au ciel que son nom indiquait; mais ce n'était pas non plus un mauvais garçon. Dans deux ou trois circonstances seulement, où les torts n'étaient point de son côté, il avait montré les dents et fermé carrément les poings ; en outre, un jour où son adversaire avait tiré un couteau de sa ceinture, fra Michele, qu'il avait probablement cru prendre sans vert, en avait tiré un de sa poche et s'en était escrimé de telle façon, que personne ne lui avait plus proposé le même jeu ; en outre, peu après, sournoisement, comme il faisait tout, — ce qui était peut-être une suite de son éducation cléricale, — il s'était formé tout seul à la danse, était devenu, à ce que l'on assurait, sans que personne pût cependant en donner la preuve, un des meilleurs tireurs de la ville, et grattait enfin si doucement et si harmonieusement sa guitare, quoiqu'on ne lui connût pas de maître, que, lorsqu'il se livrait à cet exercice, la fenêtre ouverte, les jeunes filles, pour peu qu'elles eussent l'oreille musicale, s'arrêtaient avec plaisir sous sa fenêtre.

Mais, parmi les jeunes filles d'Itri, une seule avait le privilége d'arrêter les regards du jeune chierico, et c'était justement celle-là qui seule, parmi toutes ses compagnes, paraissait insensible à la guitare de fra Michele.

Cette insensible était Francesca, la fille de don Antonio.

Aussi, nous qui, en notre qualité d'historien et de romancier, savons sur Michele Pezza, bien des choses que ses concitoyens eux-mêmes ignorent encore, n'hésiterons-nous point à dire que ce qui avait principalement déterminé notre héros dans le choix de l'état de bourrelier, et surtout dans le choix de Giansimone pour son maître, c'était le voisinage de sa maison avec celle de don Antonio, et surtout la mitoyenneté de ce mur à moitié ruiné qui, à peu de chose près, et surtout pour un gaillard aussi agile que l'était fra Michele, faisait des deux jardins un seul enclos, et nous avancerons avec la même certitude que, si, au lieu d'être bourrelier, maître Giansimone eût été tailleur ou serrurier, pourvu qu'il eût excercé un état dans la même localité, fra Michele se serait senti, pour la taille des habits ou le maniement de la lime, une vocation égale à celle qu'il s'était sentie pour rembourrer des bâts et piquer des colliers.

Le premier à qui le secret que nous venons de divulguer apparut clairement fut don Antonio : la ténacité avec laquelle le jeune bourrelier, son ouvrage fini, se tenait à la fenêtre donnant sur la terrasse, la cour et le jardin du charron, parut à celui-ci un fait qui méritait toute son attention ; il examina la direction des regards de son voisin; ces regards, vagues et sans expression en l'absence de Francesca, devenaient, du moment que celle-ci entrait en scène, d'une fixité et d'une éloquence qui, depuis longtemps, n'avaient plus laissé de doutes à Francesca, sur le sentiment qu'elle avait inspiré, et qui bientôt n'en laissèrent plus à son père.

Il y avait à peu près six mois que fra Michele était entré en apprentissage chez Giansimone, lorsque don Antonio fit cette découverte; la chose ne l'inquiétait pas beaucoup à l'endroit de sa fille, qu'il avait consultée et qui lui avait avoué qu'elle n'avait rien contre Pezza, mais qu'elle aimait Peppino.

Comme cet amour entrait dans les vues de don Antonio, il y applaudit de tout son cœur; mais, jugeant néanmoins que l'indifférence de Francesca n'était point une assez sûre défense contre les entreprises du jeune chierico, il résolut d'y ajouter son éloignement; la chose lui paraissait la plus facile du monde : de charron à bourrelier, il n'y a que la main; d'ailleurs, don Antonio et Giansimone étaient non-seulement voisins, mais compères, ce qui, dans l'Italie méridionale surtout, est un grand lien; il alla donc trouver Giansimone, lui exposa la situation et lui demanda, comme une preuve d'amitié qu'il ne pouvait lui refuser, de mettre fra Michele à la porte ; Giansimone trouva la demande du père de sa filleule parfaitement juste et lui promit de la satisfaire à la première occasion de mécontentement que lui donnerait son apprenti.

Mais ce fut comme un fait exprès; on eût dit que

fra Michele, comme Socrate, avait un génie familier qui le conseillait. A partir de ce moment, le jeune homme, qui n'était qu'un bon apprenti, devint un apprenti excellent; Giansimone cherchait vainement un reproche à lui faire, il n'y avait point à le reprendre sur son assiduité : il devait à son patron huit heures de travail par jour, et il lui en donnait souvent huit et demie, neuf quelquefois. Il n'y avait point à le reprendre sur les défectuosités de son ouvrage : il faisait chaque jour de tels progrès dans son état, que la seule observation que Giansimone eût pu lui faire, c'est que les pratiques commençaient à préférer les pièces confectionnées par l'ouvrier à celles qui l'étaient par le maître. Il n'y avait point à le reprendre sur sa conduite : aussitôt sa tâche terminée, fra Michele montait à sa chambre, n'en descendait plus que pour souper, et, le souper fini, il y remontait jusqu'au lendemain matin. Giansimone pensa bien à l'entreprendre sur son goût pour la guitare et à lui déclarer que les vibrations de cet instrument lui agaçaient horriblement les nerfs; mais, de lui-même, le jeune homme cessa d'en jouer dès qu'il s'aperçut que celle-là seule pour laquelle il en jouait ne l'écoutait pas.

Tous les huit jours, don Antonio se plaignait à son compère de ce qu'il n'avait pas encore mis son apprenti à la porte, et, à chaque plainte de son compère, Giansimone répondait que ce serait pour la semaine suivante; mais la semaine suivante s'écoulait, et le dimanche retrouvait fra Michele à sa fenêtre, plus assidu à chaque dimanche nouveau qu'il ne l'avait été le dimanche précédent.

Enfin, poussé à bout par don Antonio, Giansimone se détermina à signifier un beau matin à son apprenti qu'ils devaient se séparer, et cela le plus tôt possible.

Fra Michele se fit répéter deux fois cette signification de congé; puis, fixant son œil clair et résolu sur l'œil trouble et vague de son patron :

— Et pourquoi devons-nous nous séparer? lui demanda-t-il.

— Bon! répliqua le bourrelier en esseyant de faire de la dignité, voilà que tu m'interroges? L'apprenti interroge le maitre!

— C'est mon droit, répondit tranquillement fra Michele.

— Ton droit, ton droit !... répéta le bourrelier étonné.

— Sans doute; quand nous avons fait un contrat ensemble...

— Nous n'avons pas fait de contrat, interrompit Giansimone, je n'ai rien signé.

— Nous n'en avons pas moins fait un contrat

ensemble : pour faire un contrat, il n'est pas besoin de papier, de plume et d'encre ; entre honnêtes gens, la parole suffit.

— Entre honnêtes gens, entre honnêtes gens!... murmura le bourrelier.

— N'êtes-vous pas un honnête homme? demanda froidement fra Michele.

— Si fait, pardieu! répondit Giansimone.

— Eh bien, alors, si nous sommes d'honnêtes gens, je le répète, il y a contrat entre nous, un contrat qui dit que je dois vous servir comme apprenti ; que vous, de votre côté, vous devez m'apprendre votre état, et qu'à moins que je ne vous donne des sujets de mécontentement, vous n'avez pas le droit de me renvoyer de chez vous.

— Oui ; mais, si tu me donnes des sujets de mécontentement? Ah!...

— Vous en ai-je donné?

— Tu m'en donnes à chaque instant.

— Lesquels ?

— Lesquels, lesquels!...

— Je vais vous aider à les trouver, s'il y en a. Suis-je un paresseux?

— Je ne puis pas dire cela.

— Suis-je un tapageur?

— Non.

— Suis-je un ivrogne?

— Ah! pour cela, tu ne bois que de l'eau.

— Suis-je un débauché?

— Il ne te manquerait plus que cela, malheureux!

— Eh bien, n'étant ni un débauché, ni un ivrogne, ni un tapageur, ni un paresseux, quels sujets de mécontentement puis-je donc vous donner?

— Il y a incompatibilité d'humeur entre nous.

— Incompatibilité d'humeur entre nous? dit-il. Voilà la première fois que nous ne sommes pas du même avis; d'ailleurs, dites-moi mes défauts de caractère, je les corrigerai.

— Ah! tu ne diras point que tu n'es pas entêté, j'espère?

— Parce que je ne veux pas m'en aller de chez vous!

— Tu avoues donc que tu ne veux pas t'en aller de chez moi?

— Certainement que je ne veux pas.

— Et si je te chasse?

— Si vous me chassez, c'est autre chose.

— Tu t'en iras, alors?

— Oui; mais, comme vous aurez commis envers moi une injustice que je n'aurai pas méritée, vous m'aurez fait une insulte que je ne vous pardonnerai pas...

— Eh bien? demande Giansimone.

— Eh bien, dit le jeune homme sans hausser la voix d'une note, mais en regardant plus fermement et plus fixement que jamais Giansimone, aussi vrai que je m'appelle Michele Pezza, je vous tuerai.

— Il le ferait comme il le dit, s'écria le bourrelier en faisant un bond en arrière.

— Vous en êtes bien convaincu, n'est-ce pas? répondit fra Michele.

— Ma foi, oui.

— Il vaut donc mieux, mon cher patron, puisque vous avez eu la chance de trouver un apprenti qui n'est point débauché, qui n'est point ivrogne, qui n'est point paresseux, qui vous respecte de toute son âme et de tout son cœur; il vaut donc mieux que vous alliez de vous-même dire à don Antonio que vous êtes trop honnête homme pour chasser de chez vous un pauvre garçon dont vous n'avez qu'à vous louer. Est-ce convenu ainsi?

— Ma foi, oui, dit Giansimone, c'est ce qui me paraît, en effet, le plus juste.

— Et le plus prudent, ajouta le jeune homme avec une légère teinte d'ironie. Ainsi donc, c'est convenu, n'est-ce pas?

— Quand on te dit que oui.

— Votre main?

— La voilà.

Fra Michele serra cordialement la main de son patron et se remit à l'ouvrage, aussi calme que s rien ne se fût passé.

XXIII

FRA MICHELE

Le lendemain, qui était un dimanche, Michele Pezza s'habilla, selon son habitude, pour aller entendre la messe, devoir auquel il n'avait pas manqué une seule fois depuis qu'il s'était refait laïque. A l'église, il rencontra son père et sa mère, les salua pieusement, les reconduisit chez eux la messe dite, leur demanda leur agrément, qu'il obtint, pour épouser la fille de don Antonio, si par hasard celui-ci la lui accordait; puis, afin de n'avoir rien à se reprocher, il se présenta chez don Antonio dans l'intention de demander Francesca en mariage.

Don Antonio était avec sa fille et son futur gendre, et, à l'entrée de Michele Pezza, son étonnement fut grand. Le compère Giansimone n'avait point osé lui raconter ce qui s'était passé entre lui et son apprenti;

il lui avait, comme toujours, dit de prendre patience et qu'il verrait à le satisfaire dans le courant de la semaine suivante.

A la vue de fra Michele, la conversation s'interrompit si brusquement, qu'il fut facile au nouvel arrivant de deviner qu'il était question d'affaires de famille dont on ne comptait aucunement lui faire part.

Pezza salua avec beaucoup de politesse les trois personnes qu'il trouvait réunies, et demanda à don Antonio la faveur de lui adresser quelques paroles en particulier.

Cette faveur lui fut accordée en rechignant; le descendant des conquérants espagnols se demandait s'il ne courait point quelque danger à demeurer en tête-à-tête avec son jeune voisin, dont il était loin cependant de soupçonner le caractère résolu.

Il fit signe à Francesca et à Peppino de se retirer.

Peppino offrit son bras à Francesca et sortit avec elle en riant au nez de fra Michele.

Pezza ne souffla point le mot, ne fit pas un signe de mécontentement, pas un geste de menace, quoiqu'il lui semblât être mordu par plus de vipères que don Rodrigue dans son tonneau.

— Monsieur, dit-il à don Antonio, aussitôt que la porte se fut refermée sur le couple heureux qui probablement à cette heure raillait impitoyablement le pauvre amoureux, inutile de vous dire, n'est-ce pas, que j'aime votre fille Francesca?

— Si c'est inutile, répliqua en goguenardant don Antonio, alors, pourquoi le dis-tu?

— Inutile pour vous, monsieur, mais non pour moi qui viens vous la demander en mariage.

Don Antonio éclata de rire.

— Je ne vois rien à rire là dedans, monsieur, dit Michele Pezza sans s'emporter le moins du monde; et, vous parlant sérieusement, j'ai le droit d'être écouté sérieusement.

— En effet, quoi de plus sérieux? dit le charron en continuant de railler. M. Michele Pezza fait à don Antonio l'honneur de lui demander sa fille en mariage!

— Je ne crois pas, monsieur, vous faire particulièrement honneur, à vous, répliqua Pezza conservant le même sang-froid; je crois l'honneur réciproque, et vous allez me refuser ma demande, je le sais bien.

— Pourquoi t'exposes-tu à un refus, alors?

— Pour mettre ma conscience en repos.

— La conscience de Michele Pezza! fit don Antonio en éclatant de rire.

— Et pourquoi, répliqua le jeune homme avec le

même sang-froid, pourquoi Michele Pezza n'aurait-il pas une conscience comme don Antonio? Comme don Antonio, il a deux bras pour travailler, deux jambes pour marcher, deux yeux pour voir, une langue pour parler, un cœur pour aimer et haïr. Pourquoi n'aurait-il pas, comme don Antonio, une conscience pour lui dire : « Ceci est bien, ceci est mal? »

Ce sang-froid auquel il ne s'attendait point de la part d'un si jeune homme dérouta entièrement le charron; cependant, s'attachant au vrai sens des paroles de Michele Pezza :

— Mettre ta conscience en repos, ajouta-t-il; ce qui veut dire que, si je te refuse ma fille, il arrivera quelque malheur.

— Probablement, répondit Michele Pezza avec le laconisme d'un Spartiate.

— Et quel malheur arrivera-t-il? demanda le charron.

— Dieu seul et la sorcière Nanno le savent! dit Pezza; mais il arrivera un malheur, attendu que, moi vivant, Francesca ne sera jamais la femme d'un autre.

— Tiens, va-t'en! tu es fou.

— Je ne suis pas fou, mais je m'en vais.

— C'est bien heureux! murmura don Antonio.

Michele Pezza fit quelques pas vers la porte ; mais, à mi-chemin, il s'arrêta.

— Vous me voyez partir si tranquillement, dit-il, parce que vous comptez qu'un jour ou l'autre, sur votre demande, votre compère Giansimone me mettra à la porte de chez lui, comme vous venez de me mettre à la porte de chez vous.

— Hein ? fit don Antonio étonné.

— Détrompez-vous ! nous nous sommes expliqués et je resterai chez lui tant qu'il me fera plaisir d'y rester.

— Ah ! le malheureux ! s'écria don Antonio, il m'avait cependant promis...

— Ce qu'il ne pouvait pas tenir... Vous avez le droit de me mettre à la porte de chez vous, et je ne vous en veux pas de m'y mettre, parce que je suis un étranger ; mais il n'en avait pas le droit, lui, parce que je suis son apprenti.

— Eh bien, après ? dit don Antonio se redressant. Que tu restes ou ne restes pas chez le compère, peu importe ! nous sommes chacun chez nous ; seulement, je te préviens, à mon tour, après les menaces que tu viens de me faire, que, si désormais je te trouve chez moi, ou te vois, de jour ou de nuit, rôder dans mon bien, comme je connais par toi-même tes mauvaises intentions, je te tue comme une bête enragée.

— C'est votre droit, mais je ne m'y exposerai pas ; maintenant, réfléchissez.

— Oh! c'est tout réfléchi.

— Vous me refusez la main de Francesca?

— Plutôt deux fois qu'une.

— Même dans le cas où Peppino y renoncerait?

— Même dans le cas où Peppino y renoncerait.

— Même dans le cas où Francesca consentirait à me prendre pour mari?

— Même dans le cas où Francesca consentirait à te prendre pour mari.

— Et vous me renvoyez sans avoir la charité de me laisser le moindre espoir?

— Je te renvoie en te disant : Non, non, non.

— Songez, don Antonio, que Dieu punit, non pas les désespérés, mais ceux qui les ont poussés au désespoir.

— Ce sont les gens d'Église qui prétendent cela.

— Ce sont les gens d'honneur qui l'affirment. Adieu, don Antonio ; que Dieu vous fasse paix !

Et Michele Pezza sortit.

A la porte du charron, il rencontra deux ou trois jeunes gens d'Itri auxquels il sourit comme d'habitude.

Puis il rentra chez Giansimone.

Il était impossible, en voyant son visage si calme,

de penser, de soupçonner même qu'il fût un de ces désespérés dont il parlait un instant auparavant.

Il monta à sa chambre et s'y enferma ; seulement, cette fois, il ne s'approcha point de la fenêtre ; il s'assit sur son lit, appuya ses deux mains sur ses genoux, laissa tomber sa tête sur sa poitrine, et de grosses larmes silencieuses coulèrent de ses yeux le long de ses joues.

Il était depuis deux heures dans cette immobilité, muet et pleurant, lorsqu'on frappa à sa porte.

Il releva la tête, s'essuya vivement les yeux et écouta.

On frappa une seconde fois.

— Qui frappe ? demanda-t-il.

— Moi, Gaetano.

C'était la voix et le nom d'un de ses camarades ; Pezza n'avait point d'amis.

Il s'essuya les yeux une seconde fois et alla ouvrir la porte.

— Que me veux-tu, Gaetano ? demanda-t-il.

— Je voulais te demander si tu ne serais pas disposé à faire, sur la promenade de la ville, une partie de boules avec les amis ? Je sais bien que ce n'est pas ton habitude ; mais j'ai pensé qu'aujourd'hui...

— Et pourquoi jouerais-je plutôt aujourd'hui aux boules que les autres jours ?

— Parce que, aujourd'hui, ayant du chagrin, tu as plus besoin de distraction que les autres jours.

— J'ai du chagrin aujourd'hui, moi?

— Je le présume ; on a toujours du chagrin quand on est véritablement amoureux et qu'on vous refuse la femme que l'on aime.

— Tu sais donc que je suis amoureux?

— Oh! quant à cela, toute la ville le sait.

— Et tu sais que l'on m'a refusé celle que j'aimais?

— Certainement, et de bonne source, c'est Peppino qui nous l'a dit.

— Et comment vous a-t-il dit cela?

— Il a dit : « Fra Michele est venu demander Francesca en mariage à don Antonio, et il a emporté une veste. »

— Il n'a rien ajouté?

— Si fait; il a ajouté que, si la veste ne te suffisait pas, il se chargerait de te donner la culotte, ce qui te ferait le vêtement complet.

— Ce sont ses paroles?

— Je n'y change pas une syllabe.

— Tu as raison, dit Michele Pezza après un moment de silence, pendant lequel il s'était assuré que son couteau était bien dans sa poche, j'ai besoin de distraction ; allons jouer aux boules.

Et il sortit avec Gaetano.

Les deux compagnons descendirent d'un pas rapide mais calme, qui au reste était plutôt réglé par Gaetano que par Michele, la grande rue conduisant à Fondi ; puis ils appuyèrent à gauche, c'est-à-dire du côté de la mer, vers une double allée de platanes qui servait de promenade aux gens raisonnables d'Itri, et de gymnase aux enfants et aux jeunes gens. Là, vingt groupes divers jouaient à vingt jeux différents, mais particulièrement à ce jeu qui consiste à se rapprocher le plus possible d'une petite boule avec de grosses boules.

Michele et Gaetano tournèrent autour de cinq ou six de ces groupes avant de reconnaître celui où Peppino faisait sa partie; enfin ils aperçurent l'ouvrier charron au milieu du groupe le plus éloigné de la promenade ; Michele marcha directement à lui.

Peppino, qui, courbé vers la terre, discutait sur un coup, en se redressant, aperçut Pezza.

— Tiens, dit-il en tressaillant malgré lui sous la gerbe d'éclairs que lançaient les yeux de son rival, c'est toi, Michele !

— Comme tu vois, Peppino ; cela t'étonne ?

— Je croyais que tu ne jouais jamais aux boules.

— C'est vrai, je n'y joue pas.

— Que viens-tu faire ici, alors ?

— Je viens chercher la culotte que tu m'as promise.

Peppino tenait dans sa main droite la petite boule qui sert de but aux joueurs et qui était de la grosseur d'un boulet de quatre ; devinant dans quelle intention hostile Michele venait à lui, il prit son élan et, de toute la vigueur de son bras, lui lança le projectile.

Michele, qui n'avait pas perdu de vue un des mouvements de Peppino, et qui, à l'altération de sa physionomie, avait deviné son intention, se contenta d'incliner la tête. Le boulet de bois, lancé avec la force d'une catapulte, passa en sifflant à deux doigts de sa tempe, et alla se fendre en dix éclats contre la muraille.

Pezza ramassa un caillou.

— Je pourrais, comme le jeune David, dit-il, te briser la tête avec un caillou, et je ne ferais que te rendre ce que tu as voulu me faire ; mais, au lieu de te le mettre au milieu du front, comme fit David au Philistin Goliath, je me contenterai de te le mettre au milieu de ton chapeau.

Le caillou partit en sifflant et enleva le chapeau de la tête de Peppino en le traversant de part en part comme eût fait une balle de fusil.

— Et, maintenant, continua Pezza fronçant les sourcils et serrant les dents, les braves ne se battent pas de loin avec du bois et des pierres.

Il tira son couteau de sa poche.

— Ils se battent de près et le fer à la main.

Puis, s'adressant aux jeunes gens qui regardaient cette scène si intéressante pour eux, parce qu'elle était dans les mœurs du pays, et se présentait rarement avec de tels symptômes d'hostilité :

— Regardez, vous autres, dit-il, et, témoins que Peppino a été l'agresseur, soyez en même temps juges de ce qui va se passer.

Et il s'avança sur Peppino, dont il était séparé par une vingtaine de pas et qui l'attendait le fer à la main.

— A combien de pouces de fer nous battons-nous? demanda Peppino (1).

— A toute la lame, répondit Pezza. De cette façon, il n'y aura pas moyen de tricher.

— Au premier ou au second sang ? demanda Peppino.

— A mort ! répondit Pezza.

Ces mots, comme des éclairs sinistres, s'étaient croisés au milieu d'un silence sépulcral.

Chaque combattant dépouilla sa veste et la roula

---

(1) Souvent, dans les duels au couteau, si communs dans l'Italie méridionale, on convient à combien de pouces de fer on se battra; un morceau de liége au travers duquel passe la lame, mesure en ce cas les différentes longueurs.

autour du bras gauche, pour s'en faire un bouclier; puis Peppino et Michele marchèrent l'un contre l'autre.

Les spectateurs formaient un cercle au milieu duquel se trouvèrent isolés les deux adversaires; le même silence continua, car on comprit qu'il allait se passer quelque chose de terrible.

Si jamais deux natures furent opposées, c'étaient celles de ces deux rivaux : l'une était toute musculaire, l'autre était toute nerveuse; l'un devait combattre à la manière du taureau, l'autre, à la manière du serpent.

Peppino attendit Michele, replié sur lui-même, la tête dans les épaules, les deux bras en avant, le sang au visage et en injuriant son adversaire.

Michele s'avança lentement, silencieusement, pâle jusqu'à la lividité ; ses yeux, bleu verdâtre, semblaient avoir la fascination de ceux du boa.

On sentait dans le premier le courage brutal uni à la force musculaire ; on devinait dans le second une puissance de volonté invincible et suprême.

Michele était visiblement le plus faible et probablement le moins adroit ; mais, chose étrange et les paris eussent été dans les mœurs des spectateurs, les trois quarts eussent parié pour lui.

Les premiers coups se perdirent, soit dans l'air,

soit dans les plis des vestes; les deux lames se croisaient comme des dards de vipères qui jouent.

Tout à coup, la main droite de Peppino se couvrit de sang : du tranchant de son couteau, Michele lui avait ouvert les quatre doigts.

Ce dernier fit un bond en arrière pour donner le temps à son adversaire de changer son couteau de main, s'il ne pouvait plus se servir de sa main droite.

En refusant toute grâce pour lui, Michele avait interdit à son adversaire d'en demander aucune.

Peppino prit son couteau entre ses dents, banda avec son mouchoir sa main droite blessée, changea sa veste de bras et reprit son couteau de la main gauche.

Pezza, sans doute, ne voulut pas conserver sur son adversaire un avantage que celui-ci avait perdu, il changea donc son couteau de main comme lui.

Au bout d'une demi-minute, Peppino avait reçu une seconde blessure au bras gauche.

Il poussa un rugissement, non de douleur, mais de rage; il commençait à entrevoir le dessein de son ennemi : Pezza voulait le désarmer, non le tuer.

En effet, de sa main droite devenue libre et qui n'avait rien perdu de sa force, Pezza saisit le poignet gauche de Peppino et l'enveloppa de ses doigts longs, minces et nerveux, comme d'une tenaille à plusieurs branches.

Peppino essaya de dégager son poignet de l'étreinte qui paralysait son arme dans sa main et laissait à son ennemi toute liberté de lui plonger dix fois, s'il l'eût voulu, son couteau dans la poitrine ; tout fut inutile, la liane triomphait du chêne.

Le bras de Peppino s'engourdissait, le couteau de son adversaire avait ouvert une veine, et, par cette ouverture, le blessé perdait à la fois sa force et son sang ; au bout de quelques secondes, ses doigts, énervés par la pression, se détendirent et laissèrent tomber le couteau.

— Ah ! fit Pezza indiquant par cette joyeuse exclamation qu'il était enfin arrivé au résultat qu'il poursuivait.

Et il mit le pied sur le couteau.

Peppino, désarmé, comprit qu'il n'avait plus qu'une resource : il s'élança sur son adversaire et l'enveloppa de ses bras nerveux, mais blessés et sanglants.

Loin de refuser ce nouveau genre de combat, dans lequel on eût pu croire qu'il allait être étouffé comme Antée, Pezza, pour indiquer que son intention n'était pas de profiter de la situation, mit son couteau entre ses dents et saisit à son tour son adversaire à bras-le-corps.

Alors, tout ce que la force peut multiplier d'efforts, tout ce que l'adresse peut suggérer de ruses fut employé par les deux lutteurs; seulement, au grand étonnement des spectateurs, Peppino, qui, dans ce genre d'exercice, avait vaincu tous ses jeunes compagnons, excepté Pezza avec lequel il n'avait jamais lutté, Peppino paraissait être destiné, comme dans le combat précédent, à avoir le dessous.

Tout à coup, les deux lutteurs, comme deux chênes frappés de la foudre, perdirent pied et roulèrent sur le sol. Pezza avait réuni toutes ses forces, que rien n'avait diminuées, et, d'une secousse terrible à laquelle Peppino était loin de s'attendre de la part d'un si chétif ennemi, il avait déraciné son adversaire et était tombé sur lui.

Avant que les spectateurs fussent revenus de leur étonnement, Peppino était couché sur le dos, et Pezza lui tenait le couteau sur la gorge et le genou sur la poitrine.

Les dents de Pezza grincèrent de joie.

— Messieurs, dit-il, tout s'est-il passé loyalement et de franc jeu?

— Loyalement et de franc jeu, dirent les spectateurs à l'unanimité.

— La vie de Peppino est-elle bien à moi?

— Elle est à toi.

— Est-ce ton avis, Peppino? demanda Pezza en faisant sentir au vaincu la pointe de son couteau.

— Tue-moi! tu en as le droit, murmura ou plutôt râla Peppino d'une voix étranglée.

— M'aurais-tu tué, si tu m'eusses tenu comme je te tiens?

— Oui; mais je ne t'aurais pas fait languir.

— Donc, tu conviens que ta vie est à moi?

— J'en conviens.

— Bien à moi?

— Oui.

Pezza se pencha à son oreille, et, à voix basse :

— Eh bien, lui dit-il, je te la rends, ou plutôt je te la prête ; seulement, le jour où tu épouseras Francesca, je te la reprendrai, tu entends?

— Ah ! misérable ! s'écria Peppino, tu es le démon en personne ! et ce n'est pas fra Michele qu'il faut t'appeler, c'est fra Diavolo !

— Appelle-moi comme tu voudras, dit Pezza; mais souviens-toi que ta vie m'appartient et que, le cas que tu sais échéant, je ne te demanderai pas la permission de te la reprendre.

Et il se releva, essuya le sang de son couteau à la

manche de sa chemise, et, le remettant tranquillement dans sa poche :

— Maintenant, continua-t-il, tu es libre, Peppino, et personne ne t'empêche plus de reprendre ta partie de boules.

Et il s'éloigna lentement, saluant de la tête et de la main ses jeunes compagnons, qu'il laissait abasourdis et se demandant ce qu'il avait pu dire à Peppino qui maintint celui-ci immobile et à demi soulevé de terre, dans l'attitude du gladiateur blessé.

XXXIV

LOQUE ET CHIFFE

On comprend que, malgré la menace de Pezza, Peppino n'en persista pas moins dans ses projets de mariage avec Francesca; personne n'avait entendu ce que Michele lui avait dit tout bas; mais, en le voyant renoncer à la main de Francesca, dont on savait Michele Pezza amoureux, tout le monde l'eût deviné.

La noce devait avoir lieu entre la moisson et les

vendanges, et l'événement que nous venons de raconter s'était passé vers la fin du mois de mai.

Juin, juillet et août s'écoulèrent sans que rien révélât les intentions tragiques annoncées par Pezza à son rival.

Le 7 septembre, qui était un dimanche, le curé annonça au prône, pour le 23 septembre, le mariage de Francesca et de Peppino.

Les deux fiancés étaient à la messe, et Pezza à quelques pas d'eux. Peppino regarda Pezza au moment où le prêtre fit cette annonce, à laquelle Pezza ne parut pas faire plus d'attention que s'il ne l'eût point entendue; seulement, au sortir de l'église, Pezza s'approcha de Peppino, et, assez bas pour qu'elles parvinssent à celui-là seul auquel elles étaient adressées, il lui dit ces paroles :

— C'est bien ! tu as encore dix-huit jours à vivre.

Peppino tressaillit de telle façon, que Francesca, qui était à son bras, se retourna avec inquiétude : elle vit Michele Pezza, qui la salua en s'éloignant.

Depuis que Pezza, dans son duel avec Peppino, avait donné à celui-ci deux coups de couteau, Pezza continuait de saluer Francesca, mais Francesca ne le saluait plus.

Le dimanche suivant, la publication des bancs qui, comme on sait, se renouvelle trois fois, fut répétée

. par le prêtre. Au même endroit que le dimanche précédent, Michele Pezza s'approcha de Peppino, et, de la même voix menaçante et calme tout ensemble, il lui dit :

— Tu as encore dix jours à vivre.

Le dimanche suivant, même publication, même menace; seulement, comme huit jours s'étaient écoulés, ce n'étaient plus que deux jours d'existence qui étaient accordés par Pezza à Peppino.

Ce 23 septembre tant craint et tant désiré tout à la fois arriva : c'était un mercredi. Après une nuit d'orage, le jour, comme nous l'avons dit dans un de nos précédents chapitres, s'était levé magnifique, et, le mariage devant avoir lieu à onze heures du matin, les conviés, amis de don Antonio, amis et amies de Peppino et de Francesca, s'étaient réunis à la maison de la fiancée, où la noce devait se faire et dont l'hôte principal avait clos sa boutique pour transporter le repas sur la terrasse et la fête dans la cour et le jardin.

Cette terrasse, cette cour et ce jardin, ruisselants de soleil, teintés d'ombre, retentissaient de cris joyeux. Nous avons essayé de les peindre en montrant les vieillards buvant sur la terrasse, les jeunes gens dansant au son des tambours et de la guitare, les musiciens groupés, l'un assis, les autres debout sur les marches de la terrasse, le tout dominé par ce spectateur immobile et sombre accoudé sur le mur mitoyen, tandis que le paysan, couché sur sa charrette chargée de paille, prolonge dans des improvisations sans fin, ce chant lent et criard, particulier aux contadini des provinces napolitaines, et que poules, grives, merles et moineaux francs pillent gaiement les treilles courant de peuplier en peuplier, dans l'enclos qui, sous le nom de jardin, s'étend de la cour au pied de la montagne.

Et, maintenant que nous avons levé le rideau sur le passé, nos lecteurs comprennent pourquoi don Antonio, Francesca et surtout Peppino regardent de temps en temps avec inquiétude ce jeune homme qu'ils n'ont point le droit de chasser du mur mitoyen sur lequel il est accoudé, et de la douceur du tempérament duquel leur répond, sans pouvoir les rassurer tout à fait, le compère Giansimone, qui, depuis le jour mémorable où il a eu maille à partir avec lui, ne lui ayant jamais reparlé de quitter la maison, n'a jamais eu qu'à se louer de son caractère.

Onze heures et demie sonnèrent, juste au moment où l'une des tarentelles les plus animées venait de finir.

Le dernier vagissement du timbre était à peine éteint, qu'un bruit bien connu de don Antonio lui succéda : c'était celui des grelots des chevaux de poste, du roulement sourd et pesant d'une voiture et les cris de deux postillons appelant don Antonio d'une voix de basse qui eût fait honneur à un *gran'cartello* du théâtre Saint-Charles.

A ce triple bruit, le digne charron et toute l'honorable société comprirent que, selon son habitude, le chemin de Castellone à Itri avait fait des siennes et qu'il lui arrivait de la besogne qu'il partageait parfois avec le chirurgien de l'endroit, les voitures et les voyageurs rompant, la plupart du temps, les voitures leurs roues ou leurs essieux, et les voyageurs leurs bras ou leurs jambes du même coup.

Mais celui qui venait et pour lequel on réclamait les bons soins de don Antonio, par bonheur ne s'était rien rompu; et il réclamait le charron pour sa voiture sans avoir besoin de chirurgien pour lui.

Ce fut, au reste, une certitude que l'on acquit quand, à ces mots d'un des postillons : « Venez vite, don Antonio, c'est pour un voyageur très-pressé, » Antonio ayant répondu : « Tant pis pour lui s'il est pressé, on ne travaille pas aujourd'hui, » on vit, à l'extrémité de l'allée donnant sur la cour, apparaître ce voyageur en personne, qui demanda :

— Et pourquoi, s'il vous plait, citoyen Antonio, ne travaille-t-on pas aujourd'hui?

Le digne charron, mal disposé à cause du moment où on le demandait, plus mal disposé encore par ce titre de citoyen, dont la substitution à son titre de noblesse lui paraissait blessante, allait répondre par quelque brutalité, comme c'était sa noble habitude, lorsqu'en jetant les yeux sur le voyageur, il reconnut que c'était un trop grand personnage pour le traiter avec son sans façon ordinaire.

Et, en effet, le voyageur qui surprenait don Antonio au milieu de sa fête de famille n'était autre que notre ambassadeur, parti de Naples, vers le milieu de la nuit, et qui, n'ayant pas voulu permettre aux postillons, tant il était pressé de sortir du royaume des Deux-Siciles, de ralentir leur course à la descente de Castellone, avait brisé une des roues de derrière de sa voiture, en traversant un des nombreux ruisseaux qui coupent la grande route et vont se jeter dans le petit fleuve sans nom qui la côtoie.

Il résultait de cet accident qu'il avait été forcé, si pressé qu'il fût d'arriver à la frontière romaine, de faire la dernière demi-lieue à pied; ce qui donnait un nouveau mérite au calme avec lequel il avait demandé : « Et pourquoi, s'il vous plaît, citoyen, Antonio, ne travaille-t-on pas aujourd'hui ? »

— Excusez-moi, mon général, répondit, en faisant un pas vers le voyageur, don Antonio, qui, à son costume guerrier, prenait le citoyen Garat pour un militaire, et qui pensait que, pour courir la poste à quatre chevaux, il fallait au moins qu'un militaire fût général, je ne savais pas avoir l'honneur de parler à un haut personnage comme paraît être Votre Excellence; car alors j'eusse répondu, non pas : « On ne travaille point aujourd'hui, » mais : « On ne travaille que dans une heure. »

— Et pourquoi ne peut-on travailler tout de suite? demanda le voyageur de son ton le plus conciliant et qui annonçait que, s'il ne s'agissait que d'un sacrifice d'argent, il était prêt à le faire.

— Parce que voilà la cloche qui sonne, Votre Excellence, et que, fût-ce pour raccommoder la voiture de Sa Majesté le roi Ferdinand, que Dieu garde, je ne ferai pas attendre M. le curé.

— En effet, dit le voyageur en regardant autour de lui, je crois que je suis tombé dans une noce.

— Justement, Votre Excellence.

— Et, demanda le voyageur sur le ton d'une bienveillante interrogation, cette belle fille qui se marie?

— C'est ma fille.

— Je vous en fais mon compliment. Pour l'amour de ses beaux yeux, j'attendrai.

— Si Votre Excellence veut nous faire l'honneur

de venir à l'église avec nous, peut-être cela lui fera-t-il paraître le temps moins long ; M. le curé débitera un très-beau sermon.

— Merci, mon ami, j'aime mieux rester ici.

— Eh bien, restez ; et, à notre retour, vous boirez un verre de vin de ces vignes-là à la santé de la mariée ; cela lui portera bonheur, et nous n'en travaillerons que mieux après.

— C'est convenu, mon brave. Et combien cela va-t-il durer, votre cérémonie ?

— Ah ! trois quarts d'heure, une heure tout au plus. Allons, les enfants, à l'église !

Chacun s'empressa d'exécuter l'ordre donné par don Antonio, qui s'était constitué pour toute la journée maitre des cérémonies, excepté Peppino, qui resta en arrière et qui bientôt se trouva seul avec Michele Pezza.

— Voyons, Pezza, lui dit-il en s'avançant vers lui la main ouverte et le sourire sur les lèvres, bien que ce sourire fût peut-être un peu forcé, il s'agit aujourd'hui d'oublier nos vieilles rancunes et de faire une paix sincère.

— Tu te trompes, Peppino, reprit Pezza : il s'agit de te préparer à paraître devant Dieu, voilà tout.

Puis, se dressant debout sur le mur :

— Fiancé de Francesca, lui dit-il solennellement, tu as encore une heure à vivre !

Et, s'élançant dans le jardin de Giansimone, il disparut derrière le mur.

Peppino regarda autour de lui, et, voyant qu'il était seul, il fit le signe de la croix, en disant :

— Seigneur ! Seigneur ! je remets mon âme entre vos mains.

Puis il alla rejoindre sa fiancée et son beau-père, qui étaient déjà sur le chemin de l'église.

— Comme tu es pâle ! lui dit Francesca.

— Puisses-tu, dans une heure, lui répondit-il, ne pas être plus pâle encore que je ne le suis maintenant !

L'ambassadeur, auquel il restait pour toute distraction pendant son heure d'attente, le plaisir de regarder passer les habitants d'Itri allant à leurs plaisirs ou à leurs affaires, suivit des yeux le cortége jusqu'à ce qu'il l'eût vu disparaitre à l'angle de la rue qui conduisait à l'église.

En reportant son regard du côté opposé avec ce vague de l'homme qui attend et qui s'ennuie d'attendre, il crut, à son grand étonnement, apercevoir des uniformes français à l'extrémité de la rue de Fondi, c'est-à-dire faisant route opposée à celle qu'il venait de faire, et allant, par conséquent, de Rome à Naples.

Ces uniformes étaient portés par un brigadier et quatre dragons qui escortaient une voiture de voyage dont la marche, quoique en poste, était réglée, non pas sur celle des chevaux qui la traînaient, mais sur celle des chevaux qui l'escortaient.

Au reste, la curiosité du citoyen Garat allait être promptement satisfaite : la voiture et son escorte venaient à lui et ne pouvaient échapper à son investigation, soit que la voiture se contentât de changer de chevaux à la poste, soit que les voyageurs qu'elle renfermait fissent une halte à l'hôtel, puisque la poste était la première maison à sa droite, et l'hôtel la maison en face de lui.

Mais il n'eut pas même besoin d'attendre cette halte; en l'apercevant, en reconnaissant l'uniforme d'un haut fonctionnaire de la République, le brigadier mit son cheval au galop, précéda la voiture de cent ou cent cinquante pas, et s'arrêta devant l'ambassadeur en portant la main à son casque et en attendant d'être interrogé.

—Mon ami, lui dit l'ambassadeur avec son affabilité ordinaire, je suis le citoyen Garat, ambassadeur de la République à Naples, ce qui me donne le droit de vous demander quelles sont les personnes renfermées dans cette voiture de voyage que vous escortez.

— Deux vieilles ci-devant en assez mauvais état, mon ambassadeur, répondit le brigadier, et un ci-devant qui, lorsqu'il leur parle, les appelle princesses.

— Les connaissez-vous par leurs noms?

— L'une s'appelle madame Victoire et l'autre madame Adélaïde.

— Ah! ah! fit l'ambassadeur.

— Oui, continua le brigadier, il paraît qu'elles étaient tantes du feu tyran que l'on a guillotiné; au moment de la Révolution, elles se sont sauvées en Autriche; puis, de Vienne, elles sont venues à Rome; à Rome, elles ont eu peur quand la République est venue, comme si la République faisait la guerre à ces vieux bonnets de nuit-là! De Rome, elles eussent bien voulu se sauver comme elles s'étaient sauvées de Paris et de Vienne; mais il paraît qu'il y avait une troisième sœur, la plus vieille, une décrépite que l'on appelait madame Sophie : elle est tombée malade, les autres n'ont pas voulu la quitter, ce qui était bien de leur part. Au bout du compte, elles ont donc demandé un permis de séjour au général Berthier... Mais je vous embête avec tout mon bavardage, n'est-ce pas?

— Non, mon brave, au contraire, et ce que tu me racontes m'intéresse beaucoup.

— Soit! Alors, vous n'êtes pas difficile à intéresser, mon ambassadeur. Je disais donc qu'une semaine après l'arrivée du général Championnet, qui m'envoyait tous les deux jours prendre des nouvelles de la malade, la malade étant morte et enterrée, les deux autres sœurs ont demandé à quitter Rome et à se rendre à Naples, où elles ont des parents dans une bonne position, à ce qu'il paraît ; mais elles avaient peur d'être arrêtées comme suspectes le long de la route ; alors, le général Championnet m'a dit : « Brigadier Martin, tu es un homme d'éducation, tu sais parler aux femmes ; tu vas prendre quatre hommes et tu vas accompagner jusqu'au delà des frontières ces deux vieilles créatures, qui sont des filles de France, après tout. Ainsi, brigadier Martin, toute sorte d'égards, tu entends ; ne leur parle qu'à la troisième personne et la main au casque, comme à des supérieurs. — Mais, citoyen général, lui ai-je répondu, si elles ne sont que deux, comment pourrai-je parler à la troisième personne ? » Le général s'est mis à rire de la bêtise qu'il venait de dire, et il m'a répondu : « Brigadier Martin, tu es encore plus fort que je ne croyais ; elles sont trois, mon ami ; seulement, la troisième est un homme, c'est leur chevalier d'honneur; on l'appelle le comte de Châtillon. — Citoyen général, lui ai-je répondu, je croyais qu'il n'y avait plus de comtes? — Il n'y en a plus en France, c'est vrai, a-t-il répliqué à son tour ; mais, à l'étranger et en Italie, il y en a encore quelques-uns par-ci par-là. — Et moi, général, dois-je l'appeler comte ou citoyen, le Châtillon? — Appelle-le comme tu voudras; mais je crois que tu lui feras plus de plaisir, ainsi qu'aux personnes qu'il accompagne, si tu l'appelles monsieur le comte que si tu l'appelles citoyen ; et, comme cela ne tire pas à conséquence et ne fait de tort à personne, tu peux lui dire *monsieur le comte* gros comme le bras. » Ainsi ai-je agi tout le long du chemin ; et, en effet, cela a paru faire plaisir aux pauvres vieilles dames qui ont dit : « Voilà un garçon bien élevé, mon cher comte. Comment t'appelles-tu, mon ami? » J'avais envie de leur répondre qu'en tout cas j'étais mieux élevé qu'elles, puisque, moi, je ne tutoyais pas leur comte et qu'elles me tutoyaient; mais je me suis contenté de leur répondre : « C'est bon, c'est bon, je m'appelle Martin. » De sorte que, tout le long de la route, quand elles ont eu quelque chose à demander, c'est à moi qu'elles se sont adressées : « Martin par-ci, Martin par-là ; » mais vous comprenez bien, citoyen ambassadeur, que cela ne tire point à conséquence, puisque la plus jeune des deux a soixante-neuf ans.

— Et jusqu'où Championnet vous a-t-il ordonné de les conduire?

— Jusqu'au delà de la frontière, et même plus loin si elles le désiraient.

— C'est bien, citoyen brigadier, tu as rempli tes instructions, puisque tu as franchi la frontière et que tu es même venu deux postes au delà ; d'ailleurs, il y aurait danger à aller plus loin.

— Pour moi ou pour elles?

— Pour toi.

— Oh! si ce n'est que cela, citoyen ambassadeur, vous savez, ça ne fait rien. Le brigadier Martin connaît le danger, il a été plus d'une fois son camarade de lit.

— Mais ici le danger est inutile et pourrait avoir de graves résultats; tu vas donc signifier à tes deux princesses que ton service près d'elles est fini.

— Elles vont jeter les hauts cris, je vous en préviens, citoyen ambassadeur. Mon Dieu! les pauvres filles, que vont-elles devenir sans leur Martin? Vous voyez, elles se sont aperçues que je n'étais plus auprès d'elles, et les voilà qui me cherchent avec des yeux tout effarés.

En effet, pendant cette conversation ou pendant ce récit, — car le peu de paroles qu'avait prononcées le citoyen Garat n'avaient été placées dans le discours du brigadier Martin que comme des points d'interrogation, — la voiture des vieilles princesses s'était arrêtée devant l'hôtel *del Riposo d'Orazio*, et, les pauvres filles voyant leur protecteur engagé dans une conversation des plus animées avec un personnage revêtu du costume des hauts fonctionnaires républicains, elles avaient eu peur que quelque complôt ne se tramât à l'endroit de leur sûreté ou que contre-ordre ne fût donné à leur voyage; voilà pourquoi, avec un air d'anxiété qui flattait infiniment l'amour-propre du brigadier, elles appelaient de leur voix la plus tendre leur chef d'escorte Martin.

Martin, sur un signe du citoyen Garat, et tandis que celui-ci, pour s'épargner un colloque embarrassant, rentrait dans l'allée du charron et allait s'asseoir sur la terrasse déserte, Martin se rendait à la portière du carrosse, et, la main au casque, comme l'y avait invité Championnet, transmettait aux royales voyageuses l'invitation, qu'il venait de recevoir d'un supérieur, de retourner à Rome.

Comme l'avait fort judicieusement pensé le brigadier Martin, cette notification jeta un grand trouble dans l'esprit des vieilles filles ; elles se consultèrent, elles consultèrent leur chevalier d'honneur, et le résultat de cette double consultation fut que celui-ci irait s'informer, près de l'inconnu à l'habit bleu et au panache tricolore, des motifs qui pouvaient empêcher le brigadier Martin et ses quatre hommes d'aller plus loin.

Le comte de Châtillon descendit de voiture, suivit le chemin qu'il avait vu prendre au fonctionnaire républicain, et, en arrivant à l'autre bout de l'allée, le trouva assis sur la terrasse de don Antonio et suivant des yeux machinalement, et sans le voir peut-être, un jeune homme qui, au moment où il était entré, sautait du mur mitoyen dans le jardin du charron et traversait ce jardin dans toute sa longueur, un fusil sur l'épaule.

C'était chose si simple dans ce pays d'indépendance, où tout homme marche armé et où les clôtures ne semblent être faites que pour exercer l'agilité des passants, que l'ambassadeur ne parut prêter qu'une médiocre attention à ce fait, attention d'ailleurs dont il fut aussitôt distrait par l'apparition du comte de Châtillon.

Le comte s'avança vers lui; le citoyen Garat se leva.

Garat, fils d'un médecin d'Ustaritz, avait reçu une éducation distinguée, était lettré, ayant vécu dans l'intimité des philosophes et des encyclopédistes, et ayant, par ses différents éloges de Suger, de M. de

Montausier et de Fontenelle, obtenu des prix académiques.

C'était un homme du monde, avant tout élégant parleur et ne se servant du vocabulaire jacobin que dans les occasions d'apparat et lorsqu'il ne pouvait faire autrement.

En voyant le comte de Châtillon venir à lui, il se leva et fit la moitié du chemin.

Les deux hommes se saluèrent avec une courtoisie qui sentait bien plus son Louis XV que son Directoire.

— Dois-je dire monsieur ou citoyen? demanda le comte de Châtillon en souriant.

— Dites comme vous voudrez, monsieur le comte; cela me sera toujours un honneur de répondre aux questions que vous venez probablement me faire de la part de Leurs Altesses royales.

— A la bonne heure! dit le comte; au milieu de ces pays sauvages, je suis heureux de rencontrer un homme civilisé. Je venais donc, au nom de Leurs Altesses royales, puisque vous me permettez de conserver ce titre aux filles du roi Louis XV, vous demander, non point à titre de reproche, mais comme renseignement essentiel à leur tranquilité, quelle est la volonté ou l'obstacle qui s'oppose à ce qu'elles conservent jusqu'à Naples l'escorte que le général Championnet a eu l'obligeance de leur donner.

Garat sourit.

— Je comprends très-bien la différence qu'il y a entre le mot *obstacle* et le mot *volonté*, monsieur le comte, et je vais vous répondre de manière à vous prouver que l'obstacle existe, et que, s'il y a volonté en même temps, cette volonté est plutôt bienveillante que mauvaise.

— Commençons par l'obstacle alors, fit en s'inclinant le comte.

— L'obstacle, le voici, monsieur : depuis hier minuit, il y a déclaration de guerre entre le royaume des Deux-Siciles et la république française ; il en résulte qu'une escorte composée de cinq ennemis serait plutôt, vous devez le comprendre, pour Leurs Altesses royales un danger qu'une protection. Quant à la volonté, qui est la mienne, et que vous voyez maintenant ressortir naturellement de l'obstacle, elle est de ne point exposer les illustres voyageuses à subir des insultes et leur escorte à être assassinée. A demande catégorique, ai-je répondu catégoriquement, monsieur le comte?

— Si catégoriquement, monsieur, que je serais heureux que vous consentissiez à répéter à Leurs Altesses royales, ce que vous venez de me faire l'honneur de me dire.

— Ce serait avec grand plaisir, monsieur le comte, mais un sentiment de délicatesse que vous apprécieriez, j'en suis sûr, s'il vous était connu, me prive, à mon grand regret, de l'honneur de leur présenter mes hommages.

— Avez-vous quelque motif de tenir ce sentiment secret?

— Aucun, monsieur; je crains seulement que ma présence ne leur soit désagréable.

— Impossible.

— Je sais à qui j'ai l'honneur de parler, monsieur; vous êtes le comte de Châtillon, chevalier d'honneur de Leurs Altesses royales, et c'est un avantage que j'ai sur vous, car vous ne savez pas qui je suis.

— Vous êtes, je puis le certifier, monsieur, un homme du monde et de parfaite courtoisie.

— Et c'est pour cela, monsieur, que j'ai été choisi par la Convention pour avoir le fatal honneur de lire au roi Louis XVI sa sentence de mort.

Le comte de Châtillon fit un bond en arrière, comme s'il se fût trouvé tout à coup en face d'un serpent.

— Mais, alors, vous êtes le conventionnel Garat? s'écria-t-il.

— Lui-même, monsieur le comte ; vous voyez, si mon nom fait cet effet sur vous qui n'étiez point parent, que je sache, du roi Louis XVI, quel effet il produirait sur ces pauvres princesses, qui étaient ses tantes. Il est vrai, ajouta l'ambassadeur avec son fin sourire, qu'elles n'aimaient guère leur neveu de son vivant ; mais, aujourd'hui, je sais qu'elles l'adorent ; la mort est comme la nuit : elle porte conseil.

M. le comte de Châtillon salua et alla reporter le résultat de la conversation qu'il venait d'avoir à mesdames Victoire et Adélaïde.

XXXV

FRA DIAVOLO

Les deux vieilles princesses qu'avait été chargé de protéger le brigadier Martin, et près desquelles retournait le comte de Châtillon, tout effaré d'avoir vu en face, non-seulement un régicide, mais encore celui-là même qui avait lu à Louis XVI son arrêt de mort, les deux vieilles princesses, disons-nous, ne sont pas tout à fait de nouvelles connaissances pour ceux de nos lecteurs qui sont quelque peu familiarisés avec nos œuvres ; ils les ont vues apparaître, plus jeunes de trente ans, dans notre livre de *Joseph Balsamo*, non-seulement sous les noms par lesquels nous venons de les désigner, mais encore sous le sobriquet moins poétique de *Loque* et de *Chiffe*, que dans sa familiarité paternelle, leur donnait le roi Louis XV.

Nous avons vu que la troisième, la princesse Sophie, que son royal géniteur, pour ne point dépareiller la trilogie de ses filles, avait baptisée du nom harmonieux de *Graille*, était morte à Rome, et, par sa maladie, avait retardé le départ de ses deux sœurs, et que, de cette façon, le hasard avait fait que leur passage à Itry avait coïncidé avec celui de l'ambassadeur français dans la même ville.

La chronique scandaleuse de la cour avait toujours respecté madame Victoire, que l'on assurait avoir, toute sa vie, été de mœurs irréprochables; mais, comme il leur faut toujours une victime expiatoire, les mauvaises langues s'étaient rabattues sur madame Adélaïde; celle-ci, en effet, passait pour avoir été l'héroïne d'une aventure passablement scandaleuse, dans laquelle le héros était son propre père. Quoique Louis XV ne fût point un patriarche et que je doute, si Dieu eût brûlé la moderne Sodome, qu'il l'eût fait prévenir comme Loth par un de ses anges d'abandonner à temps la ville maudite, cette aventure, non point dans ses détails, mais dans le fond, passait pour avoir eu son antécédent dans la famille du Chananéen Loth, qui, on s'en souvient, devint, par un oubli déplorable des liens de famille, le père de Moab et d'Ammon; l'oubli du roi Louis XV et de sa fille madame Adélaïde avait été de moitié moins fécond, et il en était résulté seulement un enfant du sexe masculin, né à Colorno, dans le grand-duché de Parme, et devenu, sous le nom de comte Louis de Narbonne, un des cavaliers les plus élégants, mais en même temps un des cerveaux les plus vides de la cour du roi Louis XVI; madame de Staël, qui, à la retraite de son père, M. de Necker, avait perdu la présidence du conseil, mais qui avait gardé une certaine influence, l'avait fait nommer, en 1791, ministre de la guerre, et, se trompant, sinon à la valeur morale et intellectuelle de ce beau cavalier, avait tenté de lui introduire un peu de son génie dans la tête et un peu de son cœur dans la poitrine; elle échoua; il eût fallu un géant pour dominer la situation, et M. de Narbonne était un nain, ou, si vous voulez, un homme ordinaire : la situation l'écrasa.

Décrété d'accusation le 10 août, il passa le détroit et alla rejoindre à Londres les princes émigrés, mais sans jamais tirer l'épée contre la France. Fils impuissant à la sauver, il eut le mérite du moins de ne point chercher à la perdre.

Lorsque les trois vieilles princesses décidèrent de quitter Versailles, ce fut M. de Narbonne qui fut chargé de tous les préparatifs de leur fuite ; elle eut lieu le 21 janvier 1791, et l'un des derniers discours de Mirabeau, un des plus beaux, fut prononcé à ce sujet et eut pour texte : *De la liberté d'émigration.*

Nous avons vu, dans le récit du brigadier Martin, comment Leurs Altesses avaient successivement habité Vienne et Rome, et comment, reculant devant la République, qui, après avoir envahi le nord, envahissait le midi de l'Italie, elles avaient décidé d'aller trouver les parents *en bonne position* qu'elles avaient dans le royaume de Naples.

Ces parents en bonne position, mais qui ne devaient point tarder à se trouver en mauvaise position, étaient le roi Ferdinand et la reine Caroline.

Comme l'avait présumé le brigadier Martin, la nouvelle que le comte de Châtillon reportait aux deux princesses les troubla fort; l'idée de continuer leur route sans autre escorte que celle de leur chevalier d'honneur, qui cependant, pour ménager les nerfs des deux pauvres filles, leur avait caché le voisinage du terrible conventionnel, n'avait, en effet, rien de bien rassurant. Elles étaient au plus violent de leur désespoir, lorsqu'un domestique de l'hôtel frappa respectueusement à la porte et avertit M. le comte de Châtillon qu'un jeune homme, arrivé depuis la veille, demandait la faveur de lui dire quelques mots.

Le comte de Châtillon sortit et rentra presque aussitôt, annonçant à Mesdames que le jeune homme en question était un soldat de l'armée de Condé, porteur d'une lettre de M. le comte Louis de Narbonne, adressée à Leurs Altesses royales, mais plus particulièrement à madame Adélaïde.

Les deux choses sonnaient bien aux oreilles des deux princesses : d'abord le titre de soldat de l'armée de Condé, ensuite la recommandation de M. le comte de Narbonne.

On fit entrer le porteur de la lettre.

C'était un jeune homme de vingt-quatre à vingt-cinq ans, blond de barbe et de cheveux, agréable de visage, frais et rose comme une femme; il était proprement vêtu sans être vêtu élégamment ; sa manière de se présenter, quoique n'étant pas exempte d'une certaine roideur contractée sous l'uniforme, annonçait une bonne naissance et une certaine habitude du monde.

Il salua respectueusement de la porte les deux princesses. M. de Châtillon lui désigna de la main madame Adélaïde; il fit trois pas dans la chambre, mit un genou en terre et tendit la lettre à la vieille princesse.

— Lisez, Châtillon, lisez, dit madame Adélaïde; je ne sais pas ce que j'ai fait de mes lunettes.

Et elle fit, avec un gracieux sourire, signe au jeune homme de se relever.

M. de Châtillon lut la lettre, et, se retournant vers les princesses :

— Mesdames, leur dit-il, cette lettre est, en effet, de M. le comte Louis de Narbonne, qui recommande dignement à Vos Altesses M. Giovan-Battista de Cesare, Corse de nation, qui a servi avec ses compagnons dans l'armée de Condé, et qui lui est recommandé à lui-même par M. le chevalier de Vernègues; il ajoute, en mettant ses fidèles hommages aux pieds de Vos Altesses royales, qu'elles n'auront jamais à se repentir de ce qu'elles feront pour ce digne jeune homme.

Madame Victoire laissa la parole à sa sœur et se contenta d'approuver de la tête.

— Ainsi, monsieur, dit madame Adélaïde, vous êtes noble?

— Madame, répondit le jeune homme, nous autres Corses, nous avons tous la prétention d'être nobles; mais, comme je veux commencer à me faire connaître à Votre Altesse royale par ma sincérité, je lui répondrai que je suis tout simplement d'une ancienne famille de *caporali;* un de nos ancêtres a, sous ce titre de *caporale,* commandé un district de la Corse pendant une de ces longues guerres que nous avons soutenues contre les Génois; un seul de mes compagnons, M. de Bocchechiampe, est de noblesse, dans le sens où l'entend Votre Altesse royale; les cinq autres, comme moi, quoique l'un deux porte l'illustre nom de.Colonna, n'ont aucun droit au livre d'or.

— Mais savez-vous, monsieur de Châtillon, dit madame Victoire, que ce jeune homme s'exprime fort bien ?

— Cela ne m'étonne point, dit madame Adélaïde ; vous devez bien comprendre, ma chère, que M. de Narbonne ne nous eût point recommandé des espèces.

Puis, se tournant vers de Cesare :

— Continuez, jeune homme. Vous dites donc que vous avez servi dans les armées de M. le prince de Condé?

— Moi et trois de mes compagnons, madame, M. de Bocchechiampe, M. Colonna et M. Guidone, nous étions avec Son Altesse royale à Weissembourg, à Haguenau, à Bentheim, où M. de Bocchechiampe et moi fûmes blessés. Par malheur, intervint la paix de Campo-Formio : le prince fut forcé de licencier son armée, et nous nous trouvâmes en Angleterre, sans fortune et sans position ; ce fut là que M. le chevalier de Vernègues voulut bien se rappeler nous avoir vus au feu et affirma à M. le chevalier de Narbonne que nous ne faisions pas déshonneur à la cause que nous avions embrassée. Ne sachant que devenir, nous demandâmes à M. le comte son avis ; il nous conseilla de gagner Naples, où, nous dit-il, le roi se préparait à la guerre, et où, grâce à nos états de services, nous ne pouvions pas manquer d'être employés. Nous ne connaissions, par malheur, personne à Naples ; mais M. le comte Louis leva cette difficulté en nous disant que, sinon à Naples, du moins à Rome, nous rencontrerions Vos Altesses royales ; ce fut alors qu'il me fit l'honneur de me donner la lettre que je viens de remettre à M. le comte de Châtillon.

— Mais comment, monsieur, demanda la vieille princesse, se fait-il que nous vous rencontrions juste ici et que vous ne nous ayez pas remis cette lettre plus tôt ?

— Nous eussions pu, en effet, madame, avoir l'honneur de la remettre à Vos Altesses royales à Rome ; mais, d'abord, vous étiez au lit de mort de madame la princesse Sophie, et, tout à votre douleur, vous n'eussiez pas eu le loisir de vous occuper de nous ; puis nous n'étions pas sans être observés par la police républicaine ; nous avons craint de compromettre . Vos Altesses royales. Nous avions quelques ressources ; nous les avons ménagées et nous avons vécu dessus en attendant un moment plus favorable de vous demander votre protection. Il y a huit jours que vous avez eu la douleur de perdre Son Altesse royale la princesse Sophie et que vous vous êtes décidées à partir pour Naples ; nous nous sommes tenus au courant des intentions de Vos Altesses royales, et, la veille de votre départ, nous sommes venus vous attendre ici, où nous sommes arrivés hier dans la nuit. Un instant, en voyant l'escorte qui accompagnait le carrosse de Vos Altesses, nous avons cru tout perdu pour nous ; mais, au contraire, la Providence a voulu qu'ici justement l'ordre fût donné à votre escorte de retourner à Rome. Nous venons offrir à Vos Altessss royales de la remplacer ; s'il ne s'agit que de se faire tuer pour leur service, nous en valons d'autres, et nous vous demandons la préférence.

Le jeune homme prononça ces dernières paroles avec beaucoup de dignité, et le salut dont il les accompagna était si plein de courtoisie, que la vieille princesse, se retournant vers M. de Châtillon, lui dit :

— Avouez, Châtillon, que vous avez vu peu de gentilshommes s'exprimer avec plus de noblesse que ce jeune Corse, qui n'était cependant que caporal.

— Pardon, Votre Altesse, répliqua de Cesare en souriant de la méprise, c'est un de mes ancêtres, madame, qui était *caporale*, c'est-à-dire commandant d'une province; j'avais, moi, l'honneur d'être, ainsi que M. de Bocchechiampe, lieutenant d'artillerie dans l'armée de monseigneur le prince de Condé.

— Espérons que vous n'y ferez pas le chemin que le petit Buonaparte, votre compatriote, y a fait dans l'artillerie, ou que ce sera du moins dans une voie opposée.

Puis, se retournant vers le comte :

— Eh bien, Châtillon, lui dit-elle, vous voyez que cela s'arrange à merveille; au moment où notre escorte nous manque, la Providence, comme l'a très-bien dit M. de... M. de... Comment m'avez-vous dit déjà que vous vous appeliez, mon bon ami?

— De Cesare, Votre Altesse.

— La Providence, comme l'a très-bien dit M. de Cesare, nous en envoie une autre; mon avis, à moi, est de l'accepter. Qu'en dites-vous, ma sœur?

— Ce que je dis? Je dis que je remercie Dieu de nous avoir délivrées de ces jacobins de Français, dont les plumets tricolores me donnaient des attaques de nerfs.

— Et moi de leur chef, le citoyen brigadier Martin, qui avait la rage de s'adresser toujours à moi pour demander les ordres de Mon Altesse royale; et dire que j'étais obligée de lui faire les blanches dents et de lui sourire, quand j'aurais voulu lui tordre le cou

Puis, se retournant vers Cesare :

— Monsieur, dit-elle, vous pouvez me présenter vos compagnons; j'ai hâte, en vérité, de faire leur connaissance.

— Peut-être vaudrait-il mieux que Leurs Altesses royales attendissent le départ du brigadier Martin et de ses soldats, fit observer M. de Châtillon.

— Et pourquoi cela, comte?

— Mais pour qu'il ne rencontre pas ces messieurs chez Leurs Altesses royales en venant prendre congé d'elles.

— En venant prendre congé de nous?... Pour mon compte, j'espère bien que le drôle n'aura pas l'impudence de se représenter devant moi. Prenez dix louis, Châtillon, et donnez-les au brigadier Martin pour lui et ses hommes. Je ne veux pas qu'il soit dit que ces odieux jacobins nous aient rendu un service sans en être payés.

— Je ferai ce qu'ordonne Votre Altesse royale; mais je doute que le brigadier accepte.

— Qu'il accepte quoi?

— Les dix louis que Votre Altesse royale lui offre.

— Il aimerait mieux les prendre, n'est-ce pas? Cette fois, il faudra bien qu'il se contente de les recevoir; mais qu'est-ce que c'est donc que cette musique? Est-ce que nous serions reconnues et que l'on nous donnerait une sérénade?

— Ce serait le devoir de la population, madame, répondit en souriant le jeune Corse, si elle savait qui elle a l'honneur de posséder dans ses murs; mais elle l'ignore, à ce que je suppose du moins, et cette musique est tout simplement celle d'une noce qui revient de l'église; la fille du charron qui demeure en face de cet hôtel se marie, et, comme il y a un rival, on présume que la journée ne se passera point sans tragédie; nous qui sommes ici depuis hier au soir, nous avons eu le temps de nous mettre au courant des nouvelles de la localité.

— Bien, bien, dit madame Adélaïde, nous n'avons rien à faire avec ces gens-là. Présentez-nous vos compagnons, monsieur de Cesare, présentez-nous-les. S'ils vous ressemblent, notre bienveillance leur est acquise. Et vous, Châtillon, portez ces dix louis au citoyen brigadier Martin, et, s'il demande à nous remercier, dites-lui que ma sœur et moi sommes indisposées.

Le comte de Châtillon et le lieutenant de Cesare sortirent pour exécuter les ordres qu'ils venaient de recevoir.

De Cesare rentra le premier avec ses compagnons, et c'était tout simple : les jeunes gens, dans leur empressement à savoir ce que décideraient Leurs Altesses royales, attendaient dans l'antichambre.

Ils n'eurent donc qu'à passer par la porte que venait de leur ouvrir leur introducteur. Madame Victoire, qui avait toujours eu un penchant à la dévotion, avait pris son livre d'heures et lisait sa messe, qu'elle n'avait pu entendre : elle se contenta de jeter un coup d'œil rapide sur les jeunes gens et de faire un signe approbatif; mais il n'en fut point de même de madame Adélaïde : elle passa une véritable revue.

De Cesare lui présenta ses compagnons : tous étaient Corses ; nous savons déjà le nom de leur introducteur et de trois d'entre eux : Francesco Bocchechiampe, Ugo Colonna et Antonio Guidone; les trois autres se nommaient Raimondo Cordara, Lorenzo Durazzo et Stefano Pittaluga.

Nous demandons pardon à nos lecteurs de tous ces détails; mais, l'inexorable histoire nous forçant d'introduire un grand nombre de personnages de toutes nations et de tous rangs dans notre récit, nous appuyons un peu plus longuement sur ceux qui doivent y acquérir une certaine importance.

Nous le répétons, c'est une immense épopée que celle que nous écrivons, et, à l'exemple d'Homère, le roi des poëtes épiques, nous sommes forcé de faire le dénombrement de nos soldats.

Comme nous, de Cesare suivit en petit l'exemple de l'auteur de l'*Iliade*, il nomma les uns après les autres ses six compagnons à madame Adélaïde ; mais ce que lui avait dit le jeune Corse de la noblesse de Bocchechiampe l'avait frappée, et ce fut particulièrement à lui qu'elle s'adressa.

— M. de Cesare m'a annoncé que vous étiez gentilhomme, lui dit-elle.

— Il m'a fait trop d'honneur, Votre Altesse royale : je suis noble tout au plus.

— Ah! vous faites une distinction entre noble et gentilhomme, monsieur?

— Sans doute, madame, et j'ai l'honneur d'appartenir à une caste trop jalouse de ses droits, justement par cela même qu'ils sont méconnus aujourd'hui, pour que j'empiète sur ceux qui ne m'appartiennent pas. Je pourrais faire mes preuves de deux cents ans et être chevalier de Malte, s'il y avait encore un ordre de Malte; mais je serais très-embarrassé de faire mes preuves de 1399, pour monter dans les carrosses du roi.

— Vous monterez cependant dans le nôtre, monsieur, dit la vieille princesse en se redressant.

— C'est seulement lorsque j'en serai descendu, madame, dit le jeune homme en s'inclinant, que je me vanterai d'être gentilhomme.

— Tu entends, ma sœur, tu entends, s'écria madame Adélaïde; mais c'est fort joli, ce qu'il dit là. Enfin, nous voilà donc avec des gens de notre bord!

Et la vieille princesse respira plus librement.

En ce moment, M. de Châtillon rentra.

— Eh bien, Châtillon, qu'a dit le brigadier Martin? demanda madame Adélaïde.

Il a dit tout simplement que, si Votre Altesse royale lui avait fait faire cette offre par un autre que moi, il aurait coupé les oreilles à cet autre.

— Et à vous?

— A moi, il a bien voulu me faire grâce; il a même accepté ce que je lui ai offert.

— Et que lui avez-vous offert?

— Une poignée de main.

— Une poignée de main, Châtillon! vous avez offert une poignée de main à un jacobin! Pourquoi n'êtes-vous pas rentré avec un bonnet rouge, pendant que vous y étiez? C'est incroyable, un brigadier qui refuse dix louis, un comte de Châtillon qui donne une poignée de main à un jacobin! En vérité, je ne comprends plus rien à la société telle qu'ils l'ont faite.

— Ou plutôt telle qu'ils l'ont défaite, dit madame Victoire en lisant ses heures.

— Défaite, vous avez bien raison, ma sœur, défaite, c'est le mot; seulement, vivrons-nous assez pour la voir refaire, c'est ce dont je doute. En attendant, Châtillon, donnez vos ordres; nous partons à quatre heures; avec une escorte comme celle de ces messieurs, nous pouvons nous hasarder à voyager de nuit. Monsieur de Bocchechiampe, vous, dînerez avec nous.

Et, avec un geste qui avait conservé plus de commandement que de dignité, la vieille princesse congédia ses sept défenseurs sans avoir le moins du monde remarqué ce qu'il y avait de blessant dans le choix qu'elle avait fait du plus noble d'entre eux, à l'exclusion des autres, pour dîner à sa table et à celle de sa sœur.

Bocchechiampe demanda pardon par un signe à ses compagnons de la faveur qui lui était faite; ils lui répondirent par une poignée de main.

Comme l'avait dit de Cesare, cette musique que l'on avait entendue était celle qui précédait le cortége nuptial de Francesca et de Peppino ; le cortége était nombreux ; car, ainsi que l'avait dit encore de Cesare, on s'attendait généralement à quelque catastrophe suscitée par Michele Pezza ; aussi, à leur entrée sur la terrasse, les regards des deux époux se portèrent-ils tout d'abord sur le mur à demi écroulé où, depuis le matin, s'était tenu celui qui causait leur inquiétude.

Le mur était solitaire.

Au reste, aucun objet ne revêtait cette teinte sombre qui, aux yeux du prétendu roi de la création, semble toujours devoir annoncer sa disparition de ce monde. Il était midi ; le soleil dans toute sa splendeur, tamisait ses rayons à travers la treille qui formait un dais de verdure au-dessus de la tête des convives ; les merles sifflaient, les grives chantaient, les moineaux francs pépiaient, et les carafes, pleines de vin, reflétaient, au milieu de leurs rubis liquides, une paillette d'or.

Peppino respira ; il ne voyait la mort nulle parts mais, au contraire, il voyait la vie partout.

Il est si bon de vivre quand on vient d'épouser la femme que l'on aime, et que l'on est enfin arrivé au jour attendu depuis deux ans !

Un instant il oublia Michele Pezza et sa dernière menace, dont il était pâle encore.

Quant à don Antonio, moins préoccupé que Peppino, il avait retrouvé, à la porte, la voiture brisée, et, sur la terrasse, le propriétaire de la voiture.

Il alla à lui en se grattant l'oreille.

Le travail faisait tache dans un pareil jour.

— Ainsi, demanda-t-il à l'ambassadeur, qu'il continuait de prendre purement et simplement pour un voyageur de distinction, Votre Excellence tient absolument à continuer sa route aujourd'hui?

— Absolument, répondit le citoyen Garat. Je suis attendu à Rome pour affaire de la plus haute importance, et j'ai déjà perdu, à l'accident qui m'est arrivé aujourd'hui, quelque chose comme trois ou quatre heures.

— Allons, allons, un honnête homme n'a que sa parole; j'ai dit que, quand vous nous auriez fait l'honneur de boire avec nous un verre de vin à l'heureuse union de ces enfants, on travaillerait; buvons et travaillons.

On remplit tout ce qu'il y avait de verres sur la table, on donna à l'étranger le verre d'honneur, orné d'un filet d'or. L'ambassadeur, pour tenir sa parole, but à l'heureuse union de Francesca et de Peppino; les jeunes filles crièrent: « Vive Peppino! » les jeunes garçons : « Vive Francesca ! » et tambours et guitares firent éclater leur tarentelle la plus joyeuse.

— Allons, allons, dit maître della Rota à Peppino, il ne s'agit point ici de faire les yeux doux à notre amoureuse, mais de se mettre à la besogne ; il y a temps pour tout. Embrasse ta femme, garçon, et à l'ouvrage !

Peppino ne se fit point répéter deux fois la première partie de l'invitation : il prit sa femme entre ses bras, et, avec un regard de reconnaissance au ciel, il l'appuya contre son cœur.

Mais, au moment où, abaissant les yeux vers elle avec cette indéfinissable expression de l'amour qui a longtemps attendu et qui va enfin être satisfait, il approchait ses lèvres de celles de Francesca, la détonation d'une arme à feu retentit, et le sifflement d'une balle se fit entendre, suivi d'un bruit mat.

— Oh ! oh ! dit l'ambassadeur, voilà une balle qui m'a bien l'air d'être à mon adresse.

— Vous vous trompez, balbutia Peppino en s'affaissant aux pieds de Francesca, elle est à la mienne.

Et il rendit par la bouche une gorgée de sang.

Francesca jeta un cri et tomba à genoux devant le corps de son mari.

Tous les yeux se tournèrent vers le point d'où le coup était parti : une légère fumée blanchâtre montait, à cent pas peut-être, à travers les peupliers.

On vit alors parmi les arbres un jeune homme qui, par des élans rapides, gravissait la montagne un fusil à la main.

— Fra Michele! s'écrièrent les assistants, fra Michele!

Le fugitif s'arrêta sur une espèce de plate-forme, et, avec un geste de menace :

— Je ne m'appelle plus fra Michele, dit-il; à partir de ce moment, je m'appelle fra Diavolo.

C'est, en effet, le nom sous lequel il fut connu plus tard ; le baptême du meurtre l'emporta sur celui de la rédemption.

Pendant ce temps, le blessé avait rendu le dernier soupir.

XXXVI

LE PALAIS CORSINI A ROME

Pendant que nous sommes sur la route de Rome, précédons notre ambassadeur chez Championnet, comme nous l'avons précédé chez le charron don Antonio.

Dans une des plus grandes salles de l'immense palais Corsini, qui vient d'être successivement occupé par Joseph Bonaparte, ambassadeur de la République, et par Berthier, qui est venu y venger le double assassinat de Basseville et de Duphot, deux hommes se promenaient, le jeudi 24 septembre, entre onze heures et midi, s'arrêtant de temps en temps près de grandes tables sur lesquelles étaient étendus un plan de Rome à la fois antique et moderne, un plan des États romains réduits par le traité de Tolentino, et toute une collection des gravures de Piranèse ; d'autres tables plus petites supportaient des livres d'histoire ancienne et moderne, parmi lesquels on distinguait pêle-mêle, un Tite-Live, un Polybe, un Montecuculli, les *Commentaires* de César, un Tacite, un Virgile, un Horace, un Juvénal, un Machiavel, une collection presque complète enfin de livres classiques se rapportant à l'histoire de Rome ou aux guerres des Romains ; chacune de ces tables portait, en outre, de l'encre, des plumes, des feuilles de papier couvertes de notes, à côté de feuilles blanches attendant leur tour d'être noircies et qui indiquaient que l'hôte passager de ce palais se reposait des fatigues de la guerre, sinon par les études du savant, du moins par les loisirs de l'érudit.

Ces deux hommes, à trois ans près, étaient du

même âge, c'est-à-dire que l'un avait trente-six ans et l'autre trente-trois.

Le plus âgé des deux était en même temps le plus petit; il portait encore la poudre de 89, avait conservé la queue et brillait par un certain air d'aristocratie qu'il devait sans doute à l'extrême propreté de ses vêtements, à la finesse et à la blancheur de son linge; son œil noir était vif, déterminé, plein de résolution et d'audace; sa barbe était faite avec le plus grand soin; il ne portait ni moustaches ni favoris; son costume était celui des généraux républicains du Directoire; son chapeau, son sabre et ses pistolets étaient déposés sur une table assez voisine de la chaise sur laquelle il avait l'habitude d'écrire, pour qu'en allongeant la main il pût les atteindre.

Celui-là, c'était l'homme dont nous avons déjà entretenu longuement nos lecteurs : Jean-Étienne Championnet, commandant en chef l'armée de Rome.

L'autre, plus grand de taille, comme nous l'avons dit, blond de cheveux, accusait, par la fraîcheur de son teint, une origine septentrionale; il avait l'œil bleu, limpide, plein de lumière; le nez moyen, les lèvres minces et ce menton fortement accentué qui est le signe dominant des races fauves, c'est-à-dire des races conquérantes; un grand sentiment de calme et de placidité était répandu sur toute sa personne et devait en faire au feu non-seulement un soldat intrépide, mais encore un général plein de toutes les ressources que donne un véritable sang-froid. Il était de famille irlandaise, mais né en France ; il avait servi d'abord dans le corps irlandais de Dillon, s'était distingué à Jemmapes, avait été nommé colonel après la bataille, avait battu le duc d'York dans différentes rencontres, traversé en 1795 le Wahal sur la glace, s'était emparé de la flotte hollandaise à la tête de son infanterie, avait été nommé général de division, et enfin venait d'être envoyé à Rome, où il commandait une division sous Championnet.

Celui-là, c'était Joseph-Alexandre Macdonald, qui fut depuis maréchal de France et qui mourut duc de Tarente.

Ces deux hommes, pour ceux qui les eussent regardés causant, étaient deux soldats ; mais, pour ceux qui les auraient entendus causer, ils eussent été deux philosophes, deux archéologues, deux historiens.

Ce fut le propre de la révolution française — et cela se comprend, puisque toutes les classes de la société concoururent à former l'armée, — d'introduire, près des Cartaux, des Rossignol et des Luckner, les Miollis, les Championnet, les Ségur, c'est-à-dire, près de l'élément matériel et brutal, l'élément immatériel et lettré.

— Tenez, mon cher Macdonald, disait Championnet à son lieutenant, plus j'étudie cette histoire romaine au milieu de Rome, et particulièrement celle de ce grand homme de guerre, de ce grand orateur, de ce grand législateur, de ce grand poëte, de ce grand philosophe, de ce grand politique qu'on appelle César, et dont les *Commentaires* doivent être le catéchisme de tout homme qui aspire à commander une armée, plus je suis convaincu que nos professeurs d'histoire se trompent complétement à l'endroit de l'élément que représentait César à Rome. Lucain a eu beau faire, en faveur de Caton, un des plus beaux vers latins qui aient été faits, César, mon ami, c'était l'humanité; Caton n'était que le droit.

— Et Brutus et Cassius, qu'étaient-ils? demanda Macdonald avec le sourire de l'homme mal convaincu.

— Brutus et Cassius, — je vais vous faire sauter au plafond, car je vais toucher, je le sais, à l'objet de votre culte, — Brutus et Cassius étaient deux républicains de collége, l'un de bonne, l'autre de mauvaise foi; des espèces de lauréats de l'école d'Athènes, des plagiaires d'Harmodius et d'Aristogiton, des myopes qui n'ont pas vu plus loin que leur stylet, des cerveaux étroits qui n'ont pas su comprendre l'assimilation du monde que rêvait César; et j'ajouterai, que, nous autres républicains intelligents, c'est César que nous devons glorifier et ses meurtriers que nous devons maudire.

— C'est un paradoxe qui peut être soutenu, mon cher général; mais, pour le faire adopter comme une vérité, il ne faudrait pas moins que votre esprit et votre éloquence.

— Eh! mon cher Joseph, rappelez-vous notre promenade d'hier au musée du Capitole; ce n'était pas sans raison que je vous disais : « Macdonald, regardez ce buste de Brutus; Macdonald, regardez cette tête de César. » Vous les rappelez-vous?

— Certainement.

— Eh bien, comparez ce front puissant, mais comprimé avec ces cheveux qui viennent jusqu'aux sourcils, caractère du vrai type romain, au reste; comparez ces sourcils, épais et contractés écrasant un œil sombre, avec le front large et ouvert de César, avec ses yeux d'aigle.

— Ou de faucon, *occhi griffagni*, a dit Dante.

— *Nigris et vegetis oculis*, a dit Suétone, et, si vous voulez bien, je m'en rapporterai à Suétone, *ses yeux noirs et pleins de vie;* contentons-nous donc de cela, et vous verrez de quel côté était l'intelligence. On reprochait à César d'avoir ouvert le Sénat à des sénateurs qui n'en savaient pas même le chemin : c'était là son génie et en même temps le génie de Rome. Athènes, et par Athènes j'entends la Grèce, Athènes n'est que la colonie, elle essaime et se rejette au dehors; Rome, c'est l'adoption, elle aspire l'univers et se l'assimile : la civilisation orientale, l'Égypte, la Syrie, la Grèce, tout y a passé; la barbarie occidentale, l'Ibérie, la Gaule, l'Armorique même, tout y passera. Le monde sémitique, représenté par Carthage, et la Judée résistent à Rome : Carthage est anéantie, les Juifs sont dispersés. Le monde entier régnera sur Rome, parce que le monde entier est dans Rome; après les Auguste, les Tibère, les Caligula, les Claude, les Néron, c'est-à-dire après les Césars romains viennent les Flaviens, qui ne sont déjà qu'Italiens; puis les Antonins, qui sont Espagnols et Gaulois; puis Septime, Caracalla, Héliogabale, Alexandre Sévère, qui sont Africains et Syriens; il n'y a pas jusqu'à l'Arabe Philippe et jusqu'au Goth Maximin qui ne viennent, après les Aurélien et les Probus, ces durs paysans de l'Illyrie, s'asseoir sur le trône qui s'écroulera sous le Hun Augustule, lequel mourra en Campanie avec une rente de six mille livres d'or que lui fera Odoacre, roi des Hérules. Tout s'est écroulé autour de Rome, Rome seule est encore debout. *Capitoli immobile saxum.*

— Ne croyez-vous pas que ce soit à ce mélange de races que les Italiens doivent l'affaiblissement de leur courage et la mollesse de leur caractère? demanda Macdonald.

— Ah! vous voilà comme les autres, mon cher Macdonald, jugeant le fond par la surface. Parce que les lazzaroni sont lâches et paresseux, — et peut-être encore reviendrons-nous un jour sur cette opinion, — faut-il en augurer que tous les Napolitains sont lâches et paresseux? Voyez ces deux spécimens que Naples nous a envoyés, Salvato Palmieri et Ettore Caraffa : connaissez-vous, dans toutes nos légions, deux plus puissantes personnalités? La différence qui existe entre les Italiens et nous, mon cher Joseph, et j'ai bien peur que cette différence ne soit à notre désavantage, c'est que, fidèles à nos habitudes d'hommes liges, nous mourons pour un homme, et qu'en Italie on ne meurt, en général, que pour les idées. Les Italiens, c'est vrai, n'ont pas, comme nous, la recherche aventureuse des dangers inutiles, mais ceci est un héritage de nos pères les vieux Gaulois; ils n'ont pas, comme nous, la déification chevaleresque de la femme, parce qu'ils n'ont dans toute leur histoire ni une Jeanne d'Arc ni une Agnès Sorel; ils n'ont pas, comme nous, la rêverie enthousiaste du monde féodal, parce qu'ils n'ont ni un Charlemagne ni un saint Louis; mais ils ont autre chose, ils ont un génie sévère, étranger aux vagues sympathies. Chez eux, la guerre est devenue une science; les condottieri italiens sont nos maîtres en fait de stratégie. Qu'étaient nos capitaines du moyen âge, nos chevaliers de Crécy, de Poitiers et d'Azincourt, près des Sforza, des Malatesta, des Braccio, des Gangrande, des Farnese, des Carmagnola, des Baglioni, des Ezzelino? Le premier capitaine de l'antiquité, César, est un Italien, et ce Bonaparte, qui nous mangera tous, les uns après les autres, comme César Borgia voulait manger l'Italie feuille à feuille, ce petit Bonaparte, que l'on croit enfermé en Égypte, mais qui en sortira d'une façon ou de l'autre, dût-il emprunter les ailes de Dédale ou l'hippogriphe d'Astolphe, c'est encore un homme de race italienne. Il n'y a qu'à voir son maigre et sec profil pour cela : il a tout à la fois du César, du Dante et du Machiavel.

— Vous avouerez au moins, mon cher général, si enthousiaste que vous soyez d'eux, qu'il y a une grande différence entre les Romains des Gracques ou même ceux de Colas de Rienzi et ceux d'aujourd'hui.

— Mais pas tant que vous croyez, Macdonald. La vocation du Romain antique, c'était l'action militaire ou politique : conquérir le monde d'abord et le gouverner ensuite. Conquis et gouverné à son tour, ne pouvant plus agir, il rêve. Tenez, depuis trois semaines que je suis ici, je ne fais pas autre chose que de contempler, dans ses rues et dans ses places publiques, cette race monumentale; eh bien, mon cher, ces hommes sont pour moi des bas-reliefs de la colonne Trajane descendus de leur colonne de bronze, pas autre chose, mais qui vivent et qui marchent; chacun d'eux est le *cives romanus*, trop grand seigneur, trop maître du monde pour travailler. Leurs moissonneurs, ils les font venir des Abruzzes ; leurs portefaix, ils vont les chercher à Bergame; ils ont des trous à leur manteau, ils les feront raccommoder par un juif, non par leur femme : n'est-elle pas la matrone romaine? non plus celle du temps de Lucrèce, qui file la laine et garde la maison; non, mais celle du temps de Catilina et de Néron, qui serait déshonorée de tenir une aiguille si ce n'est pour percer la langue de Cicéron ou crever les yeux d'Octavie. Comment voulez-vous que la descendance de ceux qui allaient recueillant la sportule de porte en porte, de ceux qui vivaient six mois de la vente de leurs votes au champ de Mars, à qui Caton, César, Auguste faisaient distribuer le blé à boisseaux, pour qui Pompée bâtissait des forums et des bains, qui avaient un préfet de l'annone chargé de les nourrir, et qui en ont encore un aujourd'hui, mais qui ne les nourrit plus, se mettent à faire œuvre servile de leurs nobles doigts? Non, vous ne pouvez pas exiger que ces hommes-là travaillent. Le peuple roi n'était-il pas un peuple de mendiants? Tout ce que vous pouvez exiger de ce même peuple, lorsqu'il a perdu sa couronne, c'est qu'il mendie noblement, et c'est ce qu'il fait. Accusez-le de férocité, si vous voulez, mais non de faiblesse, car son couteau répondrait pour lui. Son couteau ne le quitte pas plus que l'épée ne quittait le légionnaire; c'est son glaive à lui. Le couteau est le glaive de l'esclave.

— Nous en savons quelque chose. De cette fenêtre qui donne sur le jardin, nous pouvons reconnaître la place où ils ont assassiné Duphot, et, de celle-ci, qui donne sur la rue, celle où ils ont assassiné Basseville... Eh! mais que vois-je donc là-bas? fit Macdonald en s'interrompant avec une exclamation de surprise. Une voiture de poste qui nous arrive. Dieu me pardonne! mais c'est le citoyen Garat.

— Quel Garat?

— L'ambassadeur de la République à Naples.

— Impossible!

— Lui-même, général.

Championnet jeta un coup d'œil sur la rue, reconnut Garat à son tour, et, jugeant aussitôt l'importance de l'événement, courut à la porte du salon, transformé par lui en bibliothèque et en cabinet de travail.

Au moment où il ouvrait cette porte, l'ambassadeur montait la dernière marche de l'escalier et apparaissait sur le palier.

Macdonald voulut se retirer, mais Championnet le retint.

— Vous êtes mon bras gauche, lui dit-il, et quelquefois mon bras droit; restez, mon cher général.

Tous deux attendaient avec impatience les nouvelles que Garat apportait de Naples.

Les compliments furent courts : Championnet et Garat échangèrent une poignée de main; Macdonald fut présenté, et Garat commença son récit.

Ce récit se composait des choses que nous avons vues s'accomplir sous nos yeux : de l'arrivée de Nelson, des fêtes qui lui avaient été données et de la déclaration que l'ambassadeur s'était cru obligé de faire pour sauvegarder la dignité de la République.

Puis, subsidiairement, l'ambassadeur raconta l'accident arrivé à sa voiture entre Castellane et Itri, comment cet accident l'avait forcé de s'arrêter chez le charron don Antonio; comment il avait rencontré les vieilles princesses avec leur escorte, qu'il avait empêchée d'aller plus loin; comment il avait assisté au meurtre du gendre de don Antonio par un jeune homme appelé fra Diavolo, qui, selon l'habitude, avait été chercher dans la montagne, en se faisant bandit, l'impunité de son crime, et comment enfin il avait démonté le brigadier Martin, qu'il avait laissé à Itri pour lui ramener sa voiture, tandis qu'il en louait une autre à Fondi, avec laquelle il venait d'arriver à Rome, sans autre accident qu'un retard de six heures.

Le brigadier Martin et les quatre hommes d'escorte arriveraient, selon toute probabilité, dans la journée du lendemain.

Championnet avait laissé l'ambassadeur aller jusqu'au bout sans l'interrompre, espérant toujours entendre un mot sur son envoyé; mais, le citoyen Garat ayant terminé son récit sans prononcer le nom de Salvato Palmieri, Championnet commença à craindre que l'ambassadeur ne fût déjà parti de Naples quand son aide de camp y était arrivé, et qu'ils ne se fussent, par conséquent, croisés en route.

Le général en chef, fort inquiet et ne sachant pas ce qui avait pu arriver à Salvato après le départ de l'ambassadeur, allait lui adresser une série de questions sur ce point, quand un bruit qui se faisait dans l'antichambre attira son attention; au même instant, la porte s'ouvrit et le soldat de planton annonça qu'un homme vêtu en paysan voulait absolument parler au général.

Mais, dominant la voix du planton, une autre voix vigoureusement accentuée s'écria :

— C'est moi, mon général, moi, Ettore Caraffa. Je vous apporte des nouvelles de Salvato.

— Laissez entrer, morbleu! laissez entrer, cria à son tour Championnet. J'allais justement en demander au citoyen Garat. Venez, Hector, venez! vous êtes deux fois le bienvenu.

Le comte de Ruvo se précipita dans la salle et sauta au cou du général.

— Ah! mon général, mon cher général! s'écria-t-il, que je suis content de vous revoir!

— Vous parliez de Salvato, Hector? Quelles nouvelles nous apportez-vous de lui?

— Bonnes et mauvaises tout ensemble : bonnes puisqu'il devrait être mort et qu'il ne l'est pas; mauvaises en ce que, pendant son évanouissement, ils lui ont volé la lettre que vous lui aviez donnée pour le citoyen Garat.

— Vous lui aviez donné une lettre pour moi? demanda Garat.

Hector se retourna.

— Ah! c'est vous, monsieur, qui êtes l'ambassadeur de la République? demanda-t-il à Garat.

Garat s'inclina.

— Mauvaises nouvelles! mauvaises nouvelles! murmura Championnet.

— Et pourquoi? comment? Expliquez-moi cela, fit l'ambassadeur.

— Eh! mon Dieu, voici : nous ne sommes point en mesure de nous battre, je vous l'écrivais; je vous disais dans ma lettre que nous manquions de tout, d'hommes, d'argent, de pain, de vêtements, de munitions. Je vous priais de faire tout ce que vous pourriez pour maintenir quelque temps encore la paix entre le royaume des Deux-Siciles et la République; il paraît que mon messager est arrivé trop tard, que vous étiez déjà parti, qu'il a été blessé, que sais-je, moi? Racontez-nous tout cela, Hector. Si ma lettre est tombée entre leurs mains, c'est en vérité un grand malheur; mais un malheur plus grand encore, ce serait que mon cher Salvato mourût de ses blessures; car vous m'avez dit qu'il était blessé, n'est-ce pas, qu'ils avaient voulu l'assassiner, quelque chose comme cela enfin?

— Et ils y ont réussi aux trois quarts! Il avait été épié, suivi; on l'attendait au sortir du palais de la reine Jeanne, à Mergellina, six hommes! Vous comprenez bien, vous qui connaissez Salvato, qu'il ne s'est pas laissé égorger comme un poulet : il en a tué deux et blessé deux autres; mais enfin un des sbires, leur chef, je crois, Pasquale de Simone, le tueur de la reine, lui a lancé son couteau, le couteau lui est entré jusqu'au manche dans la poitrine.

— Et où, comment est-il tombé?

— Oh! tranquillisez-vous, mon général, il y a des gaillards qui ont de la chance, il est tombé dans les bras de la plus jolie femme de Naples, qui l'a caché à tous les yeux, à commencer par ceux de son mari.

— Et la blessure? la blessure? s'écria le général. Vous savez, Hector, que j'aime Salvato comme mon fils.

— La blessure est grave, très-grave, mais n'est pas mortelle; d'ailleurs, c'est le premier médecin de Naples, un des nôtres, qui le soigne et qui en répond. Oh! il a été magnifique, notre Salvato; il ne vous a jamais raconté son histoire, un roman et un roman terrible, mon cher général; comme le Macduff de Shakspeare, il a été tiré vivant des flancs d'une morte. Il vous contera tout cela un jour ou plutôt un soir au bivac, pour vous faire passer le temps; mais il s'agit d'autre chose maintenant : les égorgements contre les nôtres ont commencé à Naples; Cirillo a été retardé de deux heures sur le quai en venant m’annoncer la nouvelle que je vous apporte, et par quoi? par un bûcher qui obstruait le passage et où les lazzaroni brûlaient vivants les deux frères della Torre.

— Quels misérables! s’écria Championnet.

— Imaginez-vous, mon général, un poëte et un bibliomane, je vous demande un peu ce que ces gens-là pouvaient leur avoir fait! On parle, en outre, d’un grand conseil qui aurait été tenu au palais : je sais cela par Nicolino Caracciolo, qui est l’amant de la San-Clemente, une des dames d’honneur de la reine; la guerre contre la République y a été décidée, l’Autriche fournit le général.

— Le connaissez-vous?

— C’est le baron Charles Mack.

— Ce n’est pas une réputation bien effrayante.

— Non; mais ce qui est plus effrayant, c’est que l’Angleterre s’en mêle et fournit l’argent; ils ont 60,000 hommes prêts à marcher sur Rome dans huit jours, s’il le faut, et puis... Ma foi, je crois que voilà tout.

— La peste! c’est bien assez, ce me semble, répondit Championnet.

Puis, se tournant vers l’ambassadeur :

— Vous le voyez, mon cher Garat, il n’y a pas un instant à perdre; par bonheur, j’ai reçu hier deux millions de cartouches ; nous n'avons pas de canons, mais, avec deux millions de cartouches et dix ou douze mille baïonnettes au bout, nous prendrons les canons des Napolitains.

— Je croyais que Salvato nous avait dit que vous n'aviez que neuf mille hommes.

— Oui, mais je compte sur trois mille hommes de renfort. Êtes-vous fatigué, Hector?

— Jamais, mon général.

— Alors, vous êtes prêt à partir pour Milan?

— Quand j'aurai déjeuné et changé d'habits, car je meurs de faim, et, vous le voyez, je suis couvert de boue; je suis venu par Isoletta, Agnani, Frosinone, des chemins épouvantables, tout détrempés par l'orage. Je comprends que vos plantons ne voulussent pas me laisser entrer dans l'état où je suis.

Championnet tira une sonnette particulière; son valet de chambre entra.

— Un déjeuner, un bain et des habits pour le citoyen Hector Caraffa; que tout cela soit prêt, le bain dans dix minutes, les habits dans vingt, le déjeuner dans une demi-heure.

— Mon général, dit le valet de chambre, aucun de vos habits n'ira au citoyen Caraffa, il a la tête de plus que vous.

— Tenez, dit Garat, voici la clef de ma malle; ouvrez-la et prenez-y du linge et des habits pour le comte de Ruvo; il est à peu près de ma taille, et puis, c'est ici le cas de le dire, à la guerre comme à la guerre !

— A Milan, vous trouverez Joubert; c'est à vous que je parle, Hector, écoutez-moi, reprit Championnet.

— Je ne perds pas un mot, mon général.

— A Milan, vous trouverez Joubert; vous lui direz qu'il s'arrange comme il voudra, mais qu'il me faut trois mille hommes, ou que Rome est perdue; qu'il les donne à Kellermann, s'il peut; c'est un excellent général de cavalerie, et c'est la cavalerie qui nous manque surtout; vous les ramènerez, Hector, et vous les dirigerez sur Civita-Castellana; c'est là probablement que nous nous retrouverons. Je n'ai pas besoin de vous recommander la diligence.

— Mon général, ce n'est point à un homme qui vient de faire soixante et dix lieues de montagnes en quarante-huit heures qu'il faut recommander cela.

— Vous avez raison.

— D'ailleurs, dit Garat, je me charge du citoyen Caraffa jusqu'à Milan; ma chaise de poste ne peut manquer d'arriver demain.

— Vous n'attendrez pas votre chaise de poste, mon cher ambassadeur; vous prendrez la mienne, dit Championnet. Dans les circonstances où nous sommes, il n'y a pas une minute à perdre. Macdonald, écrivez, je vous prie, en mon nom, à tous les chefs de corps qui tiennent Terracine, Piperno, Prossedi, Frosinone, Veroli, Tivoli, Ascoli, Fermo et Macerata, de ne faire aucune résistance, et, aussitôt qu'ils sauront que l'ennemi a passé la frontière, de se replier, en évitant tout engagement, sur Civita-Castellane.

— Comment! s'écria Garat, vous abandonnerez Rome aux Napolitains sans essayer de la défendre?

— Je l'abandonnerai, si je puis, sans tirer un coup de fusil; mais, soyez tranquille, ce ne sera point pour longtemps.

— Mon cher général, vous en savez plus que moi sur ce point.

— Moi? Je ne sais absolument de la guerre que ce qu'en dit Machiavel.

— Et qu'en dit Machiavel?

— Il faut que je vous apprenne cela, à vous, un diplomate qui devrait savoir par cœur Machiavel? Eh bien, il dit... Écoutez, Hector; écoutez cela, Macdonald... Il dit : « Tout le secret de la guerre consiste en deux choses : à faire tout ce que l'ennemi ne peut soupçonner, et à lui laisser faire tout ce qu'on avait prévu qu'il ferait; en suivant le premier de ces préceptes, vous rendrez inutiles ses plans de défense; en observant le second, vous déjouerez ses plans d'attaque. » Lisez Machiavel, c'est un grand homme, mon cher Garat, et, quand vous l'aurez lu...

— Eh bien, quand je l'aurai lu?

— Relisez-le.

La porte s'ouvrit et le valet de chambre reparut.

— Tenez, mon cher Hector, voilà Scipion qui vient vous dire que votre bain est prêt. Pendant que Macdonald écrira ses lettres, je dirai à Garat tout ce qu'il doit raconter au Directoire des pilleries que ses agents font ici; après quoi, nous nous mettrons à table, et nous boirons du vin de la cave de Sa Sainteté à notre prochaine et heureuse entrée à Naples.

FIN DU TOME DEUXIÈME

TABLE

XIX.	— La chambre éclairée............................	1
XX.	— La chambre obscure...........................	20
XXI.	— Le médecin et le prêtre.......................	41
XXII.	— Le conseil d'État..............................	59
XXIII.	— Le général baron Charles Mack	76
XXIV.	— L'île de Malte.................................	95
XXV.	— L'intérieur d'un savant......................	109
XXVI.	— Les deux blessés	126
XXVII.	— Fra Pacifico	143
XXVIII.	— La quête	162
XXIX.	— Assunta.......................................	177
XXX.	— Les deux frères	189
XXXI.	— Où Gaetano Mammone entre en scène........	201
XXXII.	— Un tableau de Léopold Robert...............	226
XXIII.	— Fra Michele	244
XXXIV.	— Loque et chiffe...............................	260
XXXV.	— Fra Diavolo...................................	279
XXXVI.	— Le palais Corsini à Rome....................	298

FIN DE LA TABLE DU TOME DEUXIÈME

www.ingramcontent.com/pod-product-compliance
Lightning Source LLC
Chambersburg PA
CBHW070629160426
43194CB00009B/1406